DROIT D'EXPULSION

DES

ÉTRANGERS

VIII° Commission de l'Institut de Droit international

CONTRIBUTION A L'ÉTUDE DE LA QUESTION

PAR

L.-J.-D. FERAUD - GIRAUD

Membre de la Commission

PARIS

—

1889

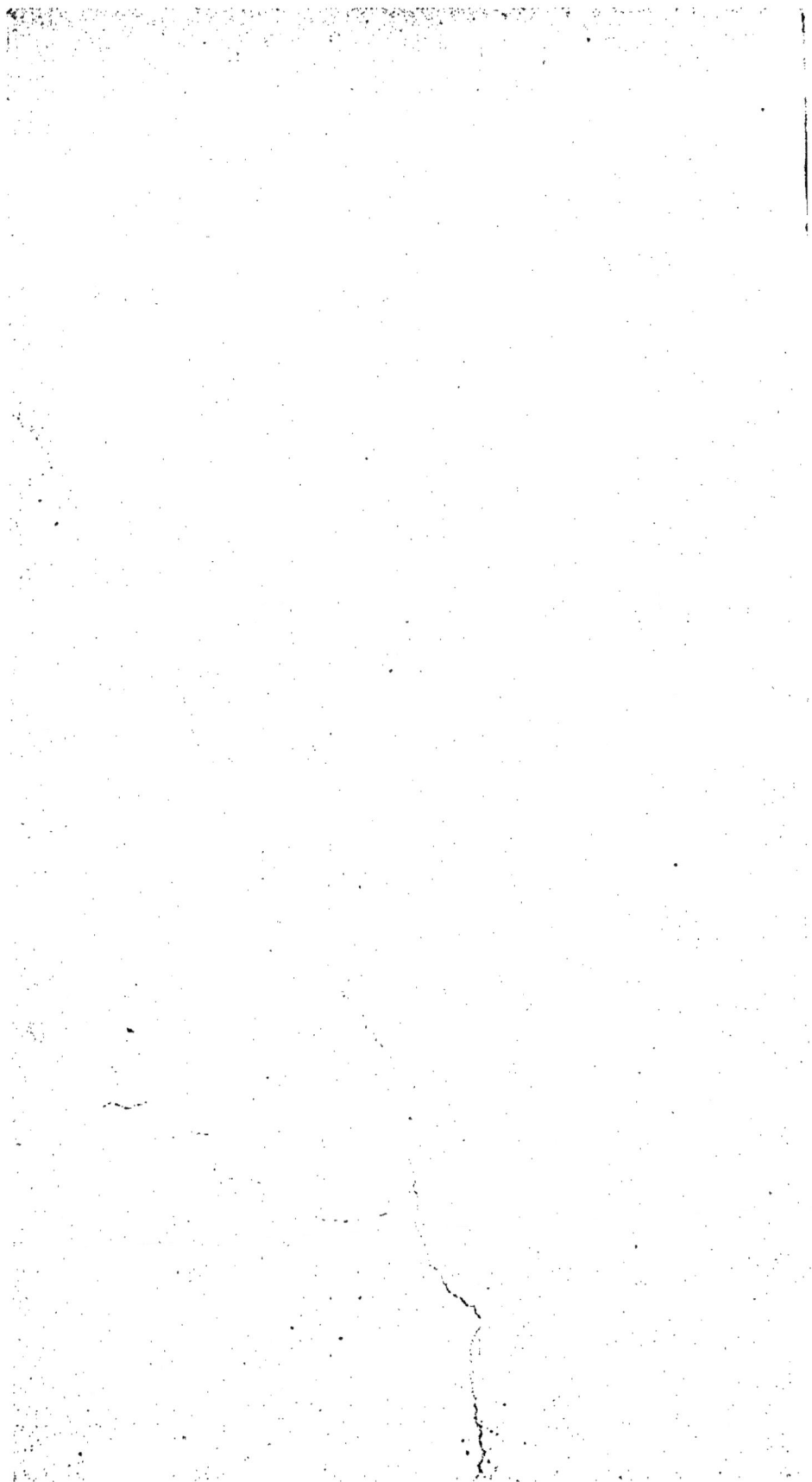

DE L'EXPULSION DES ÉTRANGERS

--

Aix, Typ. A. MAKAIRE, rue Thiers, 9. — 1889.

DROIT D'EXPULSION

DES

ÉTRANGERS

VIIIᵉ Commission de l'Institut de Droit international

CONTRIBUTION A L'ÉTUDE DE LA QUESTION

PAR

L.-J.-D. FERAUD · GIRAUD

Membre de la Commission

PARIS

—

1889

I

PROJET

—

I

PROJET

—

I. — L'expulsion est un acte de la puissance publique, par lequel un ou plusieurs individus se trouvant sur le territoire d'un Etat, sont sommés, et au besoin contraints, d'en sortir dans un bref délai.

II. — Le droit d'expulser les étrangers qui se trouvent sur son territoire appartient à tout Etat souverain.

Un Etat ne peut abdiquer ce droit, volontairement ou sous la contrainte d'une autre Puissance.

Toutefois dans les pays qui n'ont point accepté les principes du droit commun international, l'exercice de ce droit peut être attribué, par des conventions exceptionnelles, aux autorités propres des étrangers établis sur les lieux, à l'exclusion de l'autorité territoriale.

III. — L'expulsion peut être prononcée contre des étrangers individuellement, contre des catégories d'étrangers, par voie collective ; et même d'une manière générale, contre tous les étrangers appartenant à une ou plusieurs nationalités déterminées ; aux conditions qui vont être indiquées.

IV. — En usant du droit d'expulsion qui lui appartient, un Etat doit toujours, dans la mesure du possible, s'efforcer de concilier les devoirs qui lui incombent : d'un côté, d'assurer l'ordre sur son territoire et de garantir à l'intérieur et à l'extérieur sa propre sécurité ; de l'autre, de respecter les lois de l'humanité, les droits inhérents à la personne de tout individu et le principe de la liberté des relations entre nations.

V. — Tout acte d'expulsion doit être motivé.

VI. — Il y a lieu de considérer comme juste, l'expulsion réellement motivée, notamment :

Sur le danger que présente, pour l'ordre public, la présence d'étrangers qui refusent avec persistance de se soumettre aux conditions générales auxquelles les assujettissent, pour leur séjour, les lois de l'Etat, quels que puissent être les vices apparents ou même réels de ces lois ; ou de ceux qui, autorisés à résider sous des conditions spéciales et exceptionnelles, ne s'y conforment pas rigoureusement.

Sur le danger que présente pour la santé publique, la présence sur un territoire d'étrangers atteints de maladies capables de se répandre et qu'ils ont apportées en franchissant la frontière.

Sur le danger que présente pour la santé publique et les bonnes mœurs, la présence d'étrangers vivant de prostitution et autres moyens réprouvés par les lois.

Sur le danger que présente pour la sûreté publique et privée, la présence de vagabonds, mendiants et autres étrangers sans profession sérieuse, se trouvant isolément ou en réunion sur le territoire.

Cette mesure peut être étendue aux étrangers qui, bien qu'ayant eu une profession sérieuse, ne l'exercent point et restent à la charge de l'assistance publique.

Ainsi qu'aux étrangers exerçant réellement une profession, mais qui, groupés et en réunion, par leur nombre et leur conduite irrégulière, amènent des collisions graves de nature à troubler la paix publique et la sécurité privée.

Sur le danger que présente également pour la sûreté de l'État et des habitants, la présence d'étrangers condamnés en dehors du territoire, ou sur le territoire, pour crimes et délits qui autorisent l'emploi de cette mesure d'après la législation nationale, et à défaut de lois spéciales, assez graves pour motiver l'extradition d'après les traités existants entre le gouvernement de l'étranger et celui du territoire d'où il est expulsé.

Cette mesure peut être appliquée aux étrangers poursuivis hors du territoire pour l'un de ces crimes ou délits, et qui s'y réfugieraient sans que leur extradition fût réclamée.

Sur le danger que présente pour la sûreté soit intérieure, soit extérieure de l'état, la présence d'étrangers qui, par des procédés illégaux, compromettent cette sûreté à l'intérieur ou à l'extérieur, exposent l'Etat à des réclamations et protestations pouvant porter atteinte au maintien des relations amicales existant avec une autre puissance.

Sans préjudice de ce qui peut être prescrit en temps de
guerre dans un intérêt de défense nationale.

L'expulsion ne doit jamais être prononcée dans un intérêt privé pour empêcher une légitime concurrence de se
produire, ni pour arrêter de justes revendications ou les
actions et recours régulièrement portés devant les tribunaux ou autorités compétentes.

L'étranger qui a été l'objet d'une demande d'extradition
ne peut être expulsé que lorsque cette demande a été préalablement examinée et repoussée.

VII. — Le caractère politique qui pourrait s'attacher
aux faits motivant l'expulsion n'est pas de nature à porter
atteinte à l'exercice de ce droit.

VIII. — Les croyances religieuses d'un étranger ne
peuvent jamais être une juste cause d'expulsion ; mais elles
ne sauraient le soustraire à l'application de cette mesure
lorsqu'elle est justifiée par d'autres motifs.

IX. — Un état n'est point tenu de tolérer la présence
sur son territoire des réfractaires et déserteurs étrangers.

X. — Dans les cas où le droit d'expulsion peut être

exercé, il n'y a pas d'exception à faire, en raison de leur qualité, en faveur :

Des femmes ;

Des mineurs ;

Des envoyés des gouvernements étrangers ou des consuls ;

Des étrangers se trouvant accidentellement sur le territoire ;

Ni en faveur de ceux qui y sont domiciliés ou résidant, même avec un titre de l'État territorial consacrant cette simple résidence.

Toutefois, en ce qui concerne ces derniers, l'expulsion ne doit être prononcée que lorsqu'elle est reconnue complètement indispensable et de manière à ne pas trahir injustement la confiance qu'ils ont eue dans les lois de l'État où ils ont établi leur séjour ; et en entourant cette mesure de toutes les garanties que les lois intérieures de l'État peuvent assurer aux étrangers en cas d'expulsion : notamment en leur assurant l'exercice soit directement, si c'est possible, soit par l'intermédiaire de tiers par eux librement choisis, de tous les moyens légaux pour la libre réalisation et la liquidation de leur situation et de leurs intérêts actifs et passifs sur le territoire.

XI. — Un État ne peut expulser, par voie administrative ni judiciaire, ses propres nationaux, quelles que soient leurs différences de cultes, de races ou d'origine de nationalité.

Cet acte constitue une grave atteinte au droit international lorsqu'il a pour résultat intentionnel de rejeter sur d'autres territoires des individus frappés de condamnations, ou même placés seulement sous le coup de poursuites judiciaires.

XII. — L'expulsion individuelle, par catégories et même en masse des ressortissants d'un Etat belligérant, du territoire de l'autre, ne doit être considérée comme justifiée que si elle est une rigueur utile.

XIII. — Chaque Etat fixe, d'après sa constitution, par des lois ou règlements d'intérieur, les formalités à suivre pour procéder à l'expulsion, indique les pouvoirs qui peuvent la prononcer, détermine les garanties et recours auxquels cette mesure est soumise, suivant les circonstances dans lesquelles elle est exercée.

Elle ne doit pas être accompagnée de procédés blessants pour la nationalité de celui qui en est l'objet, ou de rigueurs inutiles.

Un Etat ne peut, par l'ensemble de cette règlementation, se dépouiller d'un droit d'action directe suffisante pour satisfaire à de justes réclamations, et s'exonérer ainsi de la responsabilité qui lui incombe, d'après le droit public international, de satisfaire à ces réclamations, en s'abritant derrière l'abandon de ses droits à des pouvoirs indépendants.

Il peut assurer l'effet des actes d'expulsion en soumettant l'expulsé qui y contrevient à des poursuites devant les tribunaux de répression, et à des peines, à l'expiration desquelles l'expulsé sera contraint par la force de sortir du territoire.

XIV. — L'acte ordonnant l'expulsion doit être notifié à l'expulsé. Cet acte mentionnera le délai dans lequel il devra être exécuté.

Si l'expulsé est en liberté, pendant ce délai, il ne pourra être usé de contrainte contre lui pour assurer cette exécution.

Si l'expulsion est prononcée contre une catégorie d'individus, ou en masse contre les résidant appartenant à une même nationalité, elle sera dénoncée par la voie des publications légales usitées dans le pays, indiquant le délai dans lequel les intéressés pourront l'exécuter volontairement avant d'y être contraints.

Exceptionnellement, en cas d'urgence constatée, l'injonction de sortir du territoire pourra toutefois être déclarée immédiatement exécutoire, sous contrainte.

XV. — L'acte d'expulsion désigne le lieu de la frontière choisi pour la sortie du territoire ; l'expulsé, autant que possible, préalablement entendu ;

Habituellement et notamment lorsque l'expulsé est un mendiant, un vagabond ou un repris de justice, il doit être conduit à la frontière du territoire de la nation à laquelle il appartient, ou à la frontière la plus voisine, soit par voie de terre, soit, si cela est nécessaire et possible, par voie de transport maritime.

Lorsque la nationalité de l'expulsé ne peut être constatée, il doit être conduit à la frontière qu'il a franchi pour pénétrer dans le territoire d'où il est expulsé.

L'expulsé en matière politique doit toujours être libre

de choisir pour lieu de sa sortie du territoire, une frontière autre que celle de l'Etat dont il est le ressortissant.

L'expulsé réfugié sur un territoire pour se soustraire à des poursuites pour crimes et délits de droit commun, ne peut être livré, par voie détournée d'expulsion, à l'Etat poursuivant, lorsqu'il existe des traités d'extradition, sans l'observation des conditions qui s'y trouvent insérées.

XVI. — Aucun Etat n'a le droit d'interdire d'une façon absolue aux étrangers l'entrée de son territoire.

Mais il peut en interdire l'accès à tout étranger qu'il aurait un juste motif pour expulser.

Il peut également s'opposer à des immigrations, qui trop nombreuses et réitérées, peuvent compromettre l'ordre ou l'intérêt public à l'intérieur. Lorsque telle est son intention, il doit la dénoncer aux gouvernements des pays d'origine des immigrants, pour qu'elle soit portée par ceux-ci à la connaissance de leurs ressortissants et qu'ils puissent prévenir l'émigration. Il est plus rigoureusement tenu de le faire, lorsqu'il a, à un moment, agréé et surtout provoqué l'immigration.

XVII. — L'accès d'un territoire ne doit pas être fermé aux étrangers, qu'une cause politique ou religieuse oblige à chercher un refuge hors de leur pays ; mais si leur présence cause un danger intérieur ou extérieur à cet Etat, ils peuvent être invités et au besoin contraints d'en sortir dans un délai qui leur est imparti.

XVIII. — L'Etat obligé de prendre les mesures nécessaires pour protéger la santé publique et combattre les dangers qui la menacent, est autorisé, lorsque cela est nécessaire, à interdire pendant un temps déterminé, ou à ne permettre que dans des conditions exceptionnelles, l'entrée sur son territoire de personnes provenant des lieux où existent des maladies épidémiques ou contagieuses, et de personnes chez lesquelles la présence de ces maladies s'est affirmée.

XIX. — En temps de guerre, l'Etat neutre sur le territoire duquel se réfugient des troupes ou des individus appartenant aux forces armées des belligérants, est tenu en les accueillant, de se conformer à la fois aux lois de la neutralité et à celles de l'humanité.

L'Etat neutre ne peut autoriser l'un des belligérants à pénétrer librement sur son territoire et à le traverser à l'occasion de ses opérations militaires.

XX. — L'étranger qui se présente sur un territoire, dans des conditions normales, ne doit être soumis qu'aux lois et règlements de police applicables aux nationaux. Il ne doit être assujetti de plus, exceptionnellement à des règles spéciales, que si elles sont justifiées par un intérêt public, jamais on ne doit imposer à son séjour des conditions purement vexatoires.

Toutefois, suivant les circonstances, et alors que sans recourir à l'expulsion ou au refus d'admission un intérêt d'ordre, de police ou de sécurité l'exige, par voie d'atténuation à ces mesures, un étranger ou une catégorie d'étrangers, peut être interné ; on peut lui prohiber d'habiter telle partie du territoire, ou ne l'autoriser à résider que sur une portion déterminée de ce territoire.

XXI. — Les conditions dans lesquelles aura lieu l'expulsion des étrangers ou le refus de les recevoir sur un territoire, en application des règles générales qui précèdent, peuvent être déterminées entre les Etats souverains par des traités ; sans que dans aucun cas, les stipulations de ces traités puissent aller jusqu'à dépouiller complètement l'un des contractants de son droit.

XXII. — Le gouvernement auquel ressortit l'expulsé, a le droit d'obtenir communication des causes qui ont motivé l'expulsion.

Il peut à cette occasion présenter des observations, et réclamer et obtenir, le cas échéant, le retrait de l'expulsion, même avec indemnités.

Il est en droit d'appeler l'attention du gouvernement territorial sur les actes qui se produiraient sur ce territoire lorsqu'ils sont attentatoires à la sûreté de l'Etat réclamant, et imputables à des résidants appartenant à la nationalité de ce dernier, et de provoquer, le cas échéant, en des formes correctes, et dans des conditions assurant toujours le respect du droit de souveraineté territoriale des Etats, l'éloignement et l'expulsion de ses ressortissants.

II

NOTES

—

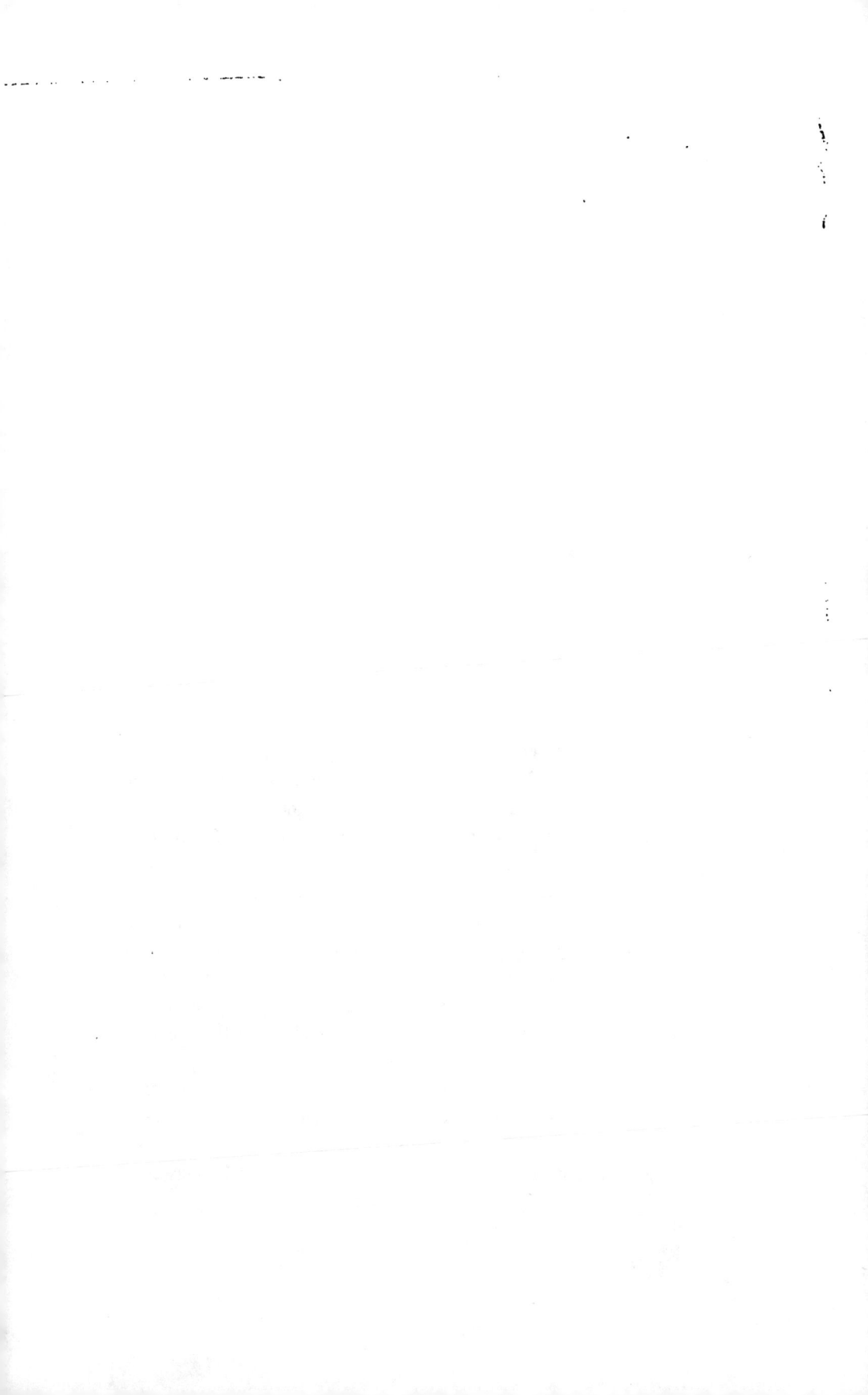

PRÉLIMINAIRES

Cette question a été justement inscrite dans le programme de nos travaux. — Je n'ai point à justifier l'Institut, d'avoir décidé que cette matière serait comprise dans le programme de ses travaux. Si des motifs de haute convenance ont fait, que à la demande de M. le Secrétaire général, on n'a pas cru devoir en maintenir l'examen à l'ordre du jour dans la session de Heidelberg, comme l'ont dit successivement MM. A. Rivier et Rolin Jacquemyns *Revue de droit intern.*, 1887, p. 337, et 1888, p. 591, « notre compétence en cette matière, qui est une matière juridique est certaine, indiscutable. Ce n'est pas une raison parce que les passions se sont déchaînées autour d'une question, pour qu'il soit impossible à des hommes qui ne recherchent que la vérité et la justice, de la discuter avec calme. » D'un autre côté, comme il s'agit de l'exercice d'un droit réservé à chaque gouvernement, on pourrait dire que la matière est du domaine du droit public interne et qu'il appartient à chaque Etat d'en poursuivre le règlement suivant ses convenances politiques et administratives, et conformément aux règles de sa constitution propre. Mais s'agissant des rapports qui doivent exister entre chaque Etat et les ressortissants étrangers se trouvant sur son territoire , il est impossible d'admettre que dans cette réglementation, il ne sera pas tenu compte des principes, et si on veut, des exigences mêmes du droit international, destiné à fixer la marche normale des relations d'Etat à Etat. Les débats passionnés qui ont surgi entre les gouvernements, auxquels il était fait tantôt allusion et auxquels ont succédé des difficultés nouvelles, démontrent d'ailleurs, d'une manière irrécusable, que bien que la matière ne soit pas étrangère au droit public interne, elle appartient également pour ne pas dire plus, au droit public international.

Etat de la question. — L'utilité de l'étude du droit d'expulsion des étrangers, avait été signalée par M. Brusa, au comité de droit pénal, pendant la session de Bruxelles, en 1885 ; il fut décidé que la question serait soumise aux délibérations de l'Institut, dans la session suivante : (*Annuaire*, 8ᵉ année, p. 166 et 347 ; *Revue de droit intern.*, 1888, p. 125). A Heidelberg, en 1887, M. le secrétaire général A. Rivier, expliqua pourquoi d'accord avec M. le rapporteur de Martitz, il pensait qu'il y avait lieu d'ajourner la délibération sur ce sujet trop intéressant (*Annuaire*, 8ᵉ année, p. 31 ; *Revue*, 1887, p. 337). Cette proposition ayant été adoptée la délibération fut renvoyée à la session suivante, (*Annuaire*, p. 301; *Revue*, p. 361). A la session de Lausanne, en 1888, M. Rolin Jacquemyns, a présenté un rapport suivi de conclusions (*Revue*, 1888, p. 498). Divers amendements proposés par M. de Martitz, ont été en même temps communiqués et sont relatés dans l'annuaire de l'Institut, de 1888-89, p. 237. Puis un projet de déclaration, discuté dans la séance du 8 septembre, a été adopté sauf quelques modifications, (*Revue*, 1888, p. 607).

Voici le texte de cette déclaration :

L'Institut de droit international,

Considérant que l'expulsion comme l'admission des étrangers est une mesure de haute police, à laquelle aucun Etat ne peut renoncer ; mais qui, selon les circonstances, tombe parfois dans l'oubli et parfois s'impose subitement.

Considérant qu'il peut être utile de formuler d'une manière générale quelques principes constants, qui tout en laissant aux gouvernements les moyens de remplir leur tâche difficile, garantissent à la fois, dans la mesure du possible, la sécurité des Etats, le droit et la liberté des individus.

Considérant que le vœu de voir reconnaître et consacrer ces principes ne saurait impliquer aucune appréciation d'actes d'expulsion qui auraient eu lieu dans le passé.

Estime que l'admission et l'expulsion des étrangers devraient être soumises à certaines règles et propose, en attendant, un projet complet qui pourrait être ultérieurement discuté.

Art. 1. — En principe, tout Etat souverain, peut régler l'admission et l'expulsion des étrangers, de la manière qu'il juge convenable; mais il est conforme à la foi publique que les étrangers soient avisés au préalable des règles générales que l'Etat entend suivre dans l'exercice de ce droit.

Art. 2. — En dehors des cas d'urgence, tels que ceux de guerre ou de troubles graves, il y a lieu de distinguer entre l'expulsion ordinaire, s'appliquant à des individus déterminés, et l'expulsion extraordinaire s'appliquant à des catégories d'individus.

Art. 3. — L'expulsion pour cause d'urgence ne sera que temporaire, elle n'excédera pas la durée de la guerre ou un délai déterminé d'avance, à l'expiration duquel elle pourra être convertie sans nouveau délai en expulsion ordinaire ou extraordinaire.

Art. 4. — L'expulsion extraordinaire se fera par la loi spéciale, ou tout au moins par ordonnance publiée préalablement. L'ordonnance générale devra, avant d'être mise à exécution, être publiée à l'avance dans un délai convenable.

Art. 5. — Pour l'expulsion ordinaire, il faut distinguer, au point de vue des garanties, les individus domiciliés ou ayant un établissement de commerce, de ceux qui ne se trouvent dans aucun de ces deux cas.

Art. 6. — La décision prononçant une expulsion ordinaire et indiquant les dispositions sur lesquelles elle se fonde, devra être signifiée à l'intéressé avant d'être mise à exécution.

Il résulte des indications fournies par cette résolution elle-même, que le projet n'a été proposé et adopté par l'Institut que comme déclaration préliminaire, en attendant l'élaboration d'un projet complet. On n'avait encore examiné ni la question du séjour, ni celle de l'admission des étrangers ; et l'examen des conditions de l'expulsion ordinaire a été renvoyé à une prochaine session (*Revue*, 1888, p. 607).

La première commission à laquelle l'étude de cette matière avait été confiée, était composée de MM. de Bar, Brusa, Dicey, Fiore, de Holzendorff, Kœnig, Lehr, de Martens, de Martitz ; son rapporteur était M. de Martitz.

Le projet de M. Rolin Jaequemyns, présenté avec les amendements de M. de Martitz, à la réunion de Lausanne, avait été renvoyé à l'examen d'une commission composée de MM. Rivier, président, de Bar, Brusa, Lammasch, Pradier-Fodéré, Rolin-Jaequemyns.

La commission chargée de présenter un projet définitif et complet comprend : M. Aschehoug, sir Sherston Baker, MM. de Bar, Brusa, Clunet, Esperson, Féraud-Giraud, Harburger, le comte Kamarowski, Kœnig, Lammasch, de Laveleye, Lehr, Lorimer, Lueder, Marquardsen, de Martitz, d'Orelli, Pradier-Fodéré ; L. Renault, Rivier, Albéric Rolin, Rolin-Jaequemyns, Rydin, Stœrk.

Ses rapporteurs sont MM. de Bar et de Martitz.

Sources et documents. — En dehors des ouvrages généraux sur le droit international, le droit des gens, le droit public, le droit criminel international, et les travaux publics sur l'extradition en particulier, on peut consulter, comme se rapportant plus directement et spécialement au droit d'expulsion des étrangers :

Bar (de), l'Expulsion des Etrangers, *Journal* de M. Clunet, 1886, p. 5 et suiv.

Bès de Beré, de l'Expulsion des Etrangers, Paris, 1888.

Bleteau, de l'Asile et du droit d'Expulsion, thèse, Paris, 1886.

Contostaulos, A., *De jure expellendi peregrinos*, Berol, 1849 ;

Craies, W. F., le Droit d'Expulsion des étrangers en Angleterre, *Journal* de M. Clunet, 1889, p. 357-381.

Demeur, Législation belge relative à l'expulsion, conférence ; Bruxelles, 1861.

Desjardins A., La loi de 1849 et l'expulsion des étrangers, *Revue des Deux Mondes*, 1ᵉʳ avril 1882, p. 657.

Fiore Pasquale, Traité du droit pénal intern., trad. par C. Antoine, Paris, 1880.

Garnot, Condition de l'étranger dans le droit public français, Paris, 1885.

Goddyn et Mahiels, Droit crim. belge au point de vue intern., 1880.

Millet René, Note sur la législation et les coutumes relatives à l'expulsion des étrangers dans les divers Etats de l'Europe, *Bull. Société législ. comp.*, 1882, p. 588 à 596.

Naumann, C., Du droit d'asile des étrangers en Suède, *Revue de droit int.*, 1870, p. 179-191.

Pictet Paul, Étude sur le traité d'établissement entre la Suisse et la France du 23 février 1882, Berne, 1889.

Rolin Jacquemyns, Rapport à l'Institut de droit intern. à la session de Lausanne, *Revue de droit intern.*, 1888, p. 498.

Roguin, E., Le Droit d'asile en Suisse ; Clunet, *journal*, 1881, p. 285 à 312.

Schiller, *de jure expellendi peregrinos*.

Vigne (de), Note sur le Droit d'asile en général, *Revue de droit intern.*, 1870, p. 191.

Wallon, Du Droit d'asile, thèse pour le doctorat ès-lettres.

Parmi les divers documents officiels concernant la matière, citons pour la France : lois des 6 et 8 avril 1793 ; D. 15 octobre 1793, art. 6 ; lois 19 septembre 1791, 11 juillet 1795, 19 octobre 1797 ; Code pénal de 1810, art. 272 ; loi 21 avril 1832, successivement prorogée ; lois 20 novembre 1849, 3 décembre 1849 ; projet d'abrogation de la loi de 1849, avec une proposition de M. Jamais, rejet par la Chambre des députés, 3 février 1881 ; reprise de la proposition, 21 février 1882 ; projet du gouvernement du 4 mars 1882, adopté par la Chambre le 29 juin 1882 et non encore examiné par le Sénat ; loi 22 juin 1886 ; les circulaires et instructions ministérielles du 31 août 1849 (intérieur), 1ᵉʳ avril 1852 (int.), 15 avril 1878 (int.), 4 novembre 1879 (justice), 11 avril 1881 (int.), 15 septembre 1882 (int.), parfois rapportée sous la date du 30 août 1882, 17 décembre 1885 (int.)

Pour l'Algérie : les arrêtés des 1ᵉʳ septembre 1834, 6 décembre 1834, 2 août 1836, 11 janvier 1841, 14 juin 1841, 8 mai 1843, 16 décembre 1868, 7 juin 1852.

Pour les colonies : loi 29 mai 1871.

Pour les consulats dans les pays hors chrétienté : édit juin 1778; ord. 3 mars 1781 ; l. 28 mai 1836, 8 juillet 1852, 18 mai 1858, 8 août 1868.

Auxquels on peut joindre diverses dispositions de traités ou conventions : entre la France et la Bavière, du 30 mai 1868 ; entre la France et la Bolivie, 9 décembre 1834; art. 3 § 2 ; et l'Equateur, 6 juin 1843, art. 4 § 4 ; Guatemala, mars 1848 ; Costa Rica, mars 1848, art. 4 § 4 ; Honduras, 22 février 1856, art. 4 § 4 ; Pérou, 9 mars 1861, art. 3 § 3 ; Salvador, 2 janvier 1858, art. 5 § 2 ; Espagne, 7 janvier 1862, art. 3 et 17.

Pour la Belgique : lois de 1848 sur le vagabondage, des 7 juillet 1865, 17 juillet 1871, 15 mars 1874, 2 juin 1871, 28 mars 1877, 1ᵉʳ juillet 1880, 6 février 1885, 4 janvier 1888, et les discussions parlementaires auxquelles cette question a donné lieu en 1868, 1871, 1874, 1880, etc.

Italie : art. 439 Code pénal sarde de 1859, et Code pénal italien, 339, 446, 452; instruction ministérielle du 20 février 1860 ; art. 86 du règlement du 18 mars 1865 ; art. 73 de la loi de sûreté publique du 20 mars 1875, révisée en 1888.

Suisse : constitution fédérale revue et approuvée en 1874, art. 70, sans préjudice du droit des cantons. Voy. Fiore, *Traité de droit crim. intern.*, trad. Antoine, § 96, d'après une communication de M. Ch. Brocher. Un très grand nombre d'arrêtés d'expulsion ont été pris par le Conseil Fédéral, notamment les 13 août 1881, 3 juin 1885, 27 janvier 1888, 18 avril 1888. Voy. le discours prononcé par M. Droz dans la séance du Conseil national du 20 mars 1888, sur le droit d'asile et d'expulsion, et le rapport de la commission du Conseil des Etats, fait à la date du 23 mars 1888.

Danemark ; loi sur l'expulsion du 15 mai 1875.

Espagne : D. 17 novembre 1852 ; loi 4 décembre 1855 ; ord. juin 1858, art. 3, 4, 9, 11 et 15, et pour les colonies, loi 11 juillet 1870.

Hollande : lois 13 août 1847 et 6 avril 1875.

Grand duché de Luxembourg : ord. 31 décembre 1841, loi 26 novembre 1880.

Roumanie : loi 6-18 avril 1881.

Allemagne : lois 31 mai 1870, 15 mai 1871, 1 juillet 1873, 21 août 1877, 30 octobre 1878.

Autriche-Hongrie : loi 27 juillet 1871. Hongrie, Code pénal, 28 mai 1878, art. 64, et 11 juin 1879, art 6, et ordonnances diverses.

Suède : ord. 19 février 1811, remplacée par celle du 21 septembre 1860.

Mexique : loi 28 mai 1886.

Equateur : loi 28 août 1836, art. 2 et 10

La Grèce use peu de ce droit, sans qu'on puisse dire qu'elle ne l'admet pas.

Quant à l'Angleterre, voici comment M. Craies résumait dans le *journal* de M. Clunet, 1889, p. 360, l'état de la législation : « Personne ne peut contester le droit de tout pays civilisé et indépendant d'exclure ou d'expulser les étrangers dont la présence lui paraît dangereuse ; ce droit est inséparable de l'indépendance nationale elle-même. Mais cela n'indique rien quant à la méthode de l'expulsion, à la personne ou au corps constitué compétent pour expulser et aux principes nationaux écrits ou non, suivis pour le traitement des étrangers. » C'est-à-dire que les Anglais admettent qu'ils ont ce droit, que le cas échéant, s'il leur importe de l'exercer, ils peuvent déterminer comment cet exercice se produira, sans que aucune demande externe ne puisse régulièrement se produire en se fondant sur leur législation. Ce droit est écrit dans l'*Alien*

Bill de 1792 prorogé successivement jusqu'en 1811, remplacé à cette époque par le nouveau Bill qui resta en vigueur jusqu'en 1826. En 1827, on signale un nouvel acte de cette nature, remplacé lui-même par celui de 1836 et par celui de 1848, qui paraît n'avoir jamais été appliqué, May, *Hist. constitut.* de l'Angleterre, t. II, p. 209 ; mais que les événements de l'Irlande ont fait revivre en 1881 et 1882.

Explication des détails que contient le projet. — Ce projet de résolutions paraîtra peut-être entrer dans un trop grand nombre de détails et par suite toucher à des matières du droit public interne, étrangères au droit public international. J'ai été amené à entrer dans ces développements pour aborder l'examen des diverses questions que présente l'application des principes qu'il s'agissait de rechercher et de poser ; et d'ailleurs, il est assez difficile de ne pas étudier la question à ce double point de vue, si on veut qu'il y ait une harmonie nécessaire entre les dispositions du droit interne et du droit international ; je fais observer que si cette harmonie n'existait pas, les dispositions du droit international ne seraient que de vaines déclarations de principe.

NOTES A L'APPUI DE L'ARTICLE

I

Utilité des définitions. — On a dit parfois dans nos délibérations, que les définitions ne devaient pas figurer dans les résolutions comme n'ayant qu'une valeur scientifique. C'est notamment l'opinion qui a été émise par MM. Lyon-Caen et Perels dans la session d'Oxford, à l'occasion d'une matière qui a bien des rapports avec la matière actuelle, celle de l'extradition (*Annuaire* t. IX, p. 144). Il me paraît cependant que sans engager les principes de droit, il n'est pas sans utilité de fixer préalablement et avant tout, le sens dans lequel doivent être entendus les mots que l'on emploie et la portée juridique qu'on doit leur attribuer d'une manière générale.

Caractère de cet acte. — J'aurai plus tard à développer et justifier le caractère que j'attribue à cet acte. Je l'indique ici dès d'abord pour bien marquer sa nature propre et faire ressortir avant tout, que c'est un acte de l'autorité publique, et non du pouvoir judiciaire. Je reviendrai bientôt sur ces propositions que je ne fais qu'indiquer, pour noter que je suis en complète dissidence avec ceux qui veulent faire considérer l'expulsion comme une peine (notice additionnelle sur le droit d'asile, *Revue de droit intern.* 1870, p. 201 ; Haus, *Principes généraux de droit pénal belge*, 1re édit., 1869, p. 110, voy. toutefois son travail sur le *droit privé qui régit les étrangers*, p. 57. C'est un acte d'autorité, de souveraineté, une mesure de police, d'administration, ayant un caractère préventif. Il peut être la conséquence d'une punition infligée en réparation d'une infraction à la loi constatée par les tribunaux compétents ; mais, que la mesure accompagne la peine subie, qu'elle soit prise en dehors de toute poursuite possible ou non, elle ne saurait avoir les caractères légaux d'une peine ; Paris, 1 mai 1871 et 5 août 1874 ; Alger, 29 janvier 1880 et bien d'autres décisions des Cours françaises ; Bès de Bere, *de l'expulsion* p. 6 et 64.

Différence entre l'expulsion et l'extradition. — D'un autre côté, je proteste avec M. Albéric Rolin, (*Annuaire de l'Institut*, 8e année, p. 166), contre toute assimilation que l'on tenterait d'établir entre l'extradition et l'expulsion, alors qu'il existe entre elles de profondes différences, notamment en ce qui concerne les motifs qui peuvent en justifier l'application.

Pourquoi on ne limite pas dans cette définition la mesure aux étrangers. — J'aurai plus tard à me demander si l'expulsion peut être appliquée à des nationaux comme à des étrangers, ou à ces derniers seulement, comme se hâtent de l'indiquer certaines définitions, mais comme en fait on l'a appliquée plusieurs fois à des nationaux à tort ou à raison, je n'ai pas cru devoir faire, dans la définition, une distinction prématurée.

II

Reconnaissance du droit d'expulsion. — Dans une des notes qui précèdent, j'ai cité un grand nombre de documents consacrant le droit pour une Puissance, d'expulser les étrangers de son territoire. Il en résulte que ce droit est reconnu par les lois et règlements internes et par des conventions internationales. Il serait trop long et inutile de citer les actes qui en ont fait l'application et qui en ont ainsi sanctionné l'existence. Les statistiques établissent d'ailleurs combien cette application est fréquente. Le garde des sceaux de France, dans un rapport sur l'administration de la justice de 1881 à 1885, rappelait que de 1876 à 1880, la moyenne des expulsions prononcées dans le pays, avait été de 2,888 et que en 1885 le nombre s'était élevé à 4,275. Le ministre Suisse, en faisant connaître à raison de récents incidents, la quantité d'expulsions prononcées dans le pays contre les Allemands, Autrichiens et Russes, a appelé la période de 1885 à 1889, l'ère peu glorieuse des expulsions. Un rapport officiel constate que du 1er juillet 1881 au 6 février 1886, il a été pris 404 arrêtés d'expulsion contre des étrangers, en Belgique. Dans les années 1877, 1878 et 1879 à la suite d'arrêtés royaux ou de mesures d'expulsion directes, 9,556 étrangers avaient été éloignés du territoire belge (état joint au projet de la loi votée le 1er juillet 1880). Certains pays tels que la Grèce, les Etats-Unis et l'Angleterre, ont apporté quelque réserve pour en user, mais ce droit n'est pas moins reconnu en principe et pratiqué par eux. Comme le prouvent les mesures prises aux Etats-Unis contre les Chinois, notamment. Voy. d'ailleurs Wharton *Intern. law digeste* t. 2, § 206. Et nous avons vu que l'Angleterre en entourant son exercice de formalités de nature à l'entraver largement, ne le repoussait pas en principe (Préliminaires, Sources et documents).

Les publicistes et les juristes, s'accordent tous pour reconnaître que ce principe doit être reconnu et respecté, ils ne diffèrent que sur la mesure des tempéraments qu'il y a lieu d'apporter à son appli-

cation et sur l'étendue des garanties dont elle doit être entourée.
J'indique en suivant l'ordre alphabétique: Bernard, *Traité théor.
et prat. de l'extradition*, t. 2, p. 6 et 616 ; Bluntschli, *Droit
intern. codifié*, trad. de Lardy, art. 383 et suiv., 398 ; Brès de
Bere, *De l'expulsion*, p. 4 et suiv.; de Bulmerincq, *Handbuch
des offentlichen Rechts*, t. 1, 2, p. 206, t. 2, 2, p. 240 ; Calvo,
Dict., v° *Expulsion* ; Clunet, *Journal de droit intern. privé*,
1889, p. 435; Contostaulos, *De jure expell. peregr.*; Craies,
journal de Clunet, 1889, p. 360 ; Desjardins A., *Revue des Deux
Mondes*, 1er avril 1882 ; Dudley Field, *Code intern.*, trad.
A. Rolin, art 206 et 207, notes, 321 ; Durand, *Essai de droit
intern. privé*, n° 240; Fiore P., *Nouveau droit intern. public*,
trad. Antoine, t. 1, n° 85, 87, 489 ; *Traité de droit pénal intern.*,
trad. Antoine, n° 85 et 99 ter; Fœlix, *Traité de droit intern.
privé*, Ed. Demangeat, t. 2, n° 615, p. 311 ; Garnot, *Condition
de l'étranger*, p. 47 et 53 ; Goddyn et Mahiels, *Le droit crim.
Belge*, p. 83 ; Goujet et Merger, v° *Etranger*, n° 27 ; Günther,
Europaïsches Volkerrecht, II, p. 219, 223, 314 ; Helie Faustin,
Inst. crim., t. 5, p. 658 ; Heffter, *Le droit intern. de l'Europe*,
§§ 33 et 62 ; Hænel, *journal* de Clunet, 1881, p. 181 ; Holtzen-
dorff, Rechtsencyclopædie, v° Ausweisung der Fromdon, t. 1,
p. 215 ; Jamais, *Journal la Loi*, 4 et 5 mars 1881 ; Mancini, Déclaration au Sénat italien en 1885, à l'occasion de l'expulsion de
Berlin, de M. Cirmoni, correspondant du *Diritto*; de Martens *Droit
des Gens*, liv. III, chap. III, §§ 84 et 91 ; F. de Martens *Traité
du droit intern.*, trad. Leo, t. 1, p. 447 ; Massé, t. 1 et II, n° 45 ;
Millet René, *Bull. société légis. comp.*, 1881, p. 589 ; Neumann,
Eléments du droit des gens mod. trad. fr., 3e édit., p. 36 ; Ortolan, *Diplomatie de la mer*, liv. II, chap. 14, p. 323 ; Phillimore,
Com. int. law, p. 233, 365 et 407 ; Pictet, *Etablissement Franco-
Suisse*, p. 52 ; Pradier-Fodéré, *Traité de droit intern.*, t. III,
n° 1857 et suiv.; A. Rivier, *Programme d'un cours de droit des
gens*, p. 71 ; Roguin, *Droit d'asile en Suisse*, *journal* de Clunet,
1881, p. 291 et suiv.; Rolin Jaequemyns, *Revue* 1888, p. 498;

Sandona, *Trattato di diritto intern. moderno*, p. 113 ; Schilter, *De jure expell. pereg.*, p. 52 ; Schmelzing, *Volkerrecht*, § 168 ; Vattel, *Droit des Gens*, liv. 11, chap. vii, § 91, et chap. viii, § 100 ; Vigne (de), *Revue de droit intern.*, 1870, p. 191 ; Wallon, *Du droit d'Asile* ; Weiss, *Traité élém. de droit intern. privé*, p. 310, 116 ; Wharton, *A treatise on the conflict of laws*, § 123, p. 113 ; *Law Digest*, t. 11, § 206 ; Wildman, *Intern. law*, p. 59 ; Woolsey, *Intern. law*, §§ 6 et 79. Voilà bien des auteurs cités et cependant combien j'en omets !

On essaie de citer en sens inverse : Coke, *Instituts* ; Sapey, *de la condition des étrangers en France* p. 306, et peut-être encore à la rigueur Pinheiro-Ferreira, sur Vattel, liv. 2, ch. viii, § 100, note ; M. Barclay, dans la session de Lausanne, s'est prononcé vivement contre la consécration de ce droit, *Annuaire* 1888-89, p. 239.

Je dois reconnaître que notre savant rapporteur, M. de Bar, a soutenu avec l'autorité dont il jouit si justement : « que ces auteurs n'étaient pas dans le vrai, qui commencent à inscrire au frontispice de leur théorie, le droit absolu de l'Etat, de ne tolérer aucun étranger sur son territoire. » *Journal* de Clunet 1886, p. 5 et suiv. En cela notre rapporteur peut avoir raison s'il proteste contre l'abus du droit ; mais malgré mon regret de me séparer de lui, je serai forcé de l'abandonner s'il niait l'existence même du droit. D'ailleurs ce regret je n'ai pas à le subir, puisque M. de Bar nous indique quels sont les tempéraments qu'il y a lieu d'apporter à l'exécution de cette mesure de rigueur, qu'il renonce dès lors à voir disparaître en principe. C'est ce qu'on peut dire également de M. P. Fiore, qui repousse les abus auquel peut donner lieu l'exercice illimité du droit d'expulsion en invoquant à l'appui de sa thèse Phillimore, Woosley, Dudley field, Bluntschli, Heffter et Ortolan ; mais qui finit par admettre, qu'un Etat peut user de ce droit pour des motifs d'ordre public et à raison de nécessités politiques, ou de raisons graves d'administration, (*Nouveau droit int. public*, t. 1, nos 85 et 87). Dans son traité de droit pénal international et de l'extradition, nos 91 et suivants de la traduction française de M. Antoine, P. Fiore, après avoir indiqué

le reproche que certaines personnes faisaient au législateur Italien,
d'être inconséquent, en admettant le droit d'expulsion de l'étranger,
après lui avoir accordé par l'article 3 du Code civil, la jouissance
des droits civils attribués aux citoyens, répond que le Code civil a
pour but de régler les rapports entre particuliers et non ceux qui
existent entre les habitants de l'Etat et la souveraineté. Il dit lui-
même : le droit de pourvoir à la sauvegarde et à la conservation de
l'association politique et de décréter les mesures de haute administration et de police, est un des droits qui appartiennent à la souveraineté. Dans les rapports appartenant à l'ordre politique et à l'ordre
administratif, la condition des étrangers n'est pas la même que celle
des nationaux.... Si l'étranger expulsé se trouve accidentellement
privé de la jouissance des droits civils dont la résidence est la condition nécessaire, cela se produit par le motif que la concession de
l'article 3, doit être subordonnée à la condition que l'étranger ne
soit pas déchu du droit de résider dans le pays. S'il en est privé,
c'est parce qu'il a manqué à ses devoirs envers un pays hospi-
talier. »

Donc il est juste de poser en principe et avant tout, la légitimité
de ce droit. Est-ce à dire qu'il pourra en être usé d'une manière
absolue, sans restrictions, réserves, garanties ni tempérament, ce
n'est pas ce que j'entends dire. Mais le droit doit être d'abord
reconnu et être considéré comme légitime, sauf à signaler ensuite
les conditions dans lesquelles il doit être exercé.

Attribution de ce droit aux seuls Etats souverains. —
Dans la session de Lausanne, l'Institut a déjà indiqué que le droit
d'expulsion appartenait aux Etats souverains (*Revue de droit intern.*
1888, p. 608; paraissant ainsi vouloir l'attribuer aux Etats souverains seuls. J'ai cru nécessaire de conserver cette indication ; mais
je ne voudrai pas qu'on pût y puiser un motif de restriction excessive. Tout Etat devra être considéré comme souverain à ce point de
vue, qui par suite de sa constitution propre, quelles que soient ses
relations exceptionnelles avec un autre Etat, aura conservé un pou-

voir direct et suffisant de police sur son territoire, pour avoir à répondre vis-à-vis de ses administrés et des autres Etats, des conséquences fâcheuses de l'abus ou du non exercice du droit d'expulsion dont il pourrait user avec indépendance. Dans ce cas, en effet, il est responsable de l'usage qu'il fait d'un droit dérivant de sa souveraineté, quelques atteintes que cette souveraineté puisse recevoir à d'autres points de vue, de la nature de ses relations avec un autre Etat.

En Suisse, il est admis que l'expulsion des étrangers peut être prononcée par l'autorité du canton où ils se trouvent. Pictet, *Etude sur le traité d'établissement entre la Suisse et la France* p. 37, où sont citées plusieurs décisions du Conseil fédéral ; et cela sans préjudice du droit fédéral.

Portée du mot souveraineté pour déterminer la nature de ce droit. — Il m'a paru encore utile de maintenir le mot souverain, parce qu'il implique encore la manifestation de la nature du droit d'expulsion, son fondement et sa justification, puisque de l'avis de la plupart des auteurs, ce droit tenant à l'exercice de la haute police, destiné à garantir la sûreté publique, n'est qu'un dérivé du droit de souveraineté territoriale. Rolin Jaequemyns, *Rapport, Revue*, 1878, p. 498; qui cite dans ce sens: Phillimore, Bluntschli, Massé, Woosley, F. de Martens, de Hoszemdorff, Wharton ; *adde*, entre autres : R. Millet, *Bull. Légis. C. comp.* 1881, p. 590 ; Foelix, *Traité de droit intern.* t. 2, n° 615, p. 344; Pradier Fodéré, *Traité de droit int. public*, t. 3, p. 1079, n° 1857; Clunet, *Journal de droit int. privé*, 1889, p. 435.

Toutefois si on a raison de rattacher le droit d'expulsion au droit de souveraineté territoriale, c'est à tort, suivant moi, qu'on le ferait dériver non de cette souveraineté, mais d'un simple droit de propriété territoriale, comme paraît l'indiquer Klüber, § 135. Cette ancienne théorie est repoussée avec raison par Bluntschli § 383, notes. Elle aurait l'inconvénient de déplacer la question et de la transporter du droit public, dans le domaine du droit privé.

D'autres auteurs ont fait résulter le droit d'expulsion conféré à un

Etat, de l'obligation où il est d'assurer la sécurité. Garnot, *Condition de l'étr.* p. 53 ; Durand, *Essai de droit int. privé* n° 210 et suiv. Dudley Field, *Code* intern., art. 206. Mais le point de départ est le même, car cette obligation dérive du droit de souveraineté.

Renonciation à l'exercice de ce droit. — L'Institut a justement déclaré dans sa session de Lausanne, que l'expulsion est une mesure de haute police à laquelle aucun Etat ne pouvait renoncer ; *Revue de droit intern.*, 1888, p. 607. Dans le même sens je cite : Hœnel, professeur à Kiel, *Journal* de Clunet, 1884, p. 182 ; Pradier-Fodéré, *Droit int.*, t. III, n° 1857, p. 1079. Et en effet, si c'est là un droit inhérent à sa souveraineté, un Etat ne saurait amoindrir cette souveraineté constitutive de son existence comme Etat ; car tout droit de souveraineté est inaliénable, puisque cette aliénation implique la destruction de l'Etat, Carnazza Amari, trad. de Montanari - Revest, t. I, p. 362 ; Sandona, *Trattato di diritto int. moderno*, p. 96 ; Clunet, *Journal de droit int. privé*, 1889, p. 135.

D'ailleurs l'existence d'un droit implique l'existence de devoirs corrélatifs, dont on ne peut s'affranchir ; et je vois que M. P. Fiore admet que cette règle générale, et si souvent oubliée, doit recevoir ici son application ; *Nouveau droit int. public*, trad. Antoine, t. I, p. 323, n° 367 et suiv.

Les principes qui président aux relations entre les gouvernements ne permettent pas que l'un d'eux tolère chez lui des actes qui auraient pour but de menacer l'existence ou la sûreté d'un voisin. Chargé de la police dans l'enceinte de ses frontières, il ne peut se décharger d'une responsabilité qui lui incombe forcément avec toutes ses conséquences, et dont son inaction calculée, ou un abandon abusif de ses droits ne peut l'exonérer. Il ne s'agit pas, dans l'accomplissement de ce devoir, d'une obligation de la classe de celles qu'on a appelées dans certains écrits, imparfaites ou facultatives, fondées uniquement sur le *comitas gentium* ; mais d'une obliga-

3

tion parfaite, dont l'inexécution peut, le cas échéant, donner lieu à l'exercice d'une véritable contrainte.

Règles exceptionnelles dans les pays hors Chrétienté. — Dans certains pays où les règles de droit commun international ne sont pas en vigueur, et parmi eux il faut placer notamment les pays hors chrétienté; il a fallu nécessairement, vu la situation exceptionnelle, créer des mesures d'exception. La constitution en groupe, et pour me servir d'une désignation justement consacrée, en nation, des étrangers appartenant à chaque nationalité distincte, et les conditions spéciales qui leur étaient faites pour leur résidence, ont créé des unités dont les chefs sont chargés d'assurer le régulier fonctionnement. L'Etat qui recevait dans ces conditions des étrangers sur certaines parties de son territoire, ne conservait en quelque sorte des rapports qu'avec le représentant de chaque nationalité, et celui-ci avait à assurer, par son autorité propre, la police chez ses nationaux et le respect des conditions auxquelles ils avaient été admis sur le territoire. Dans ces circonstances, le droit d'expulsion devait appartenir à ceux auxquels il incombait de veiller au respect des conditions auxquelles l'établissement avait pu avoir lieu sur le territoire. Je suis entré à ce sujet dans des développements auxquels je me permets de renvoyer dans la *Revue de droit intern.*, 1887, p. 5 et suiv., où j'ai étudié le droit d'expulsion attribué aux consuls à l'égard de leurs nationaux dans les pays hors chrétienté. Dans un travail publié dans le *Journal de droit intern. privé*, de M. Clunet, 1889, p. 397, par M. Locard, cette matière est l'objet d'un travail spécial au point de vue de la Tunisie, il y est indiqué que le droit de haute police attribué aux consuls français par l'édit de 1681 et divers actes postérieurs, a été concédé, au Levant, aux consuls Allemands par la loi du 10 juillet 1879, art. 4; Belges, l. 31 décembre 1851, art. 35 ; Russes, règlement de 1820, art. 48; Anglais, *Orders in Council* des 2 juillet 1848, 30 novembre 1864, 9 mars et 4 mai 1865, 12 décembre 1873 ; Espagnols, l. 31 mai et règlement du 24 juillet 1878 ; Néerlandais, l. 25 juillet 1871 ; Italiens, loi sarde du 15 août 1858 et loi du 28 janvier 1866, art. 65.

III

Classes diverses d'expulsion. — En reconnaissant aux États le droit d'expulser, dans un intérêt de sécurité et d'ordre public, des étrangers trouvés sur leur territoire, les auteurs n'ont point distingué, pour établir des exceptions et des restrictions, si l'expulsion devait atteindre un individu personnellement et exclusivement, ou des catégories d'individus, ou même tous les étrangers appartenant à une même nationalité étrangère. Donc la règle posée dans la troisième proposition ne contient aucune innovation ; elle est conforme à la doctrine, ainsi qu'à la pratique des nations. Je la trouve affirmée entre autres par Heffter dans son *Droit international de l'Europe*, § 62. Et en effet, l'ordre et la sûreté publique peuvent être parfois plus sérieusement menacés par des agglomérations d'individus, que par l'un d'eux isolément, et on ne pourrait songer à désarmer un gouvernement alors que le péril deviendrait plus grand. Je reconnais toutefois que l'expulsion du corps entier des étrangers appartenant à la même nation ne pourra ordinairement se produire que dans le cas de guerre. Mais il me paraît utile d'affirmer l'existence du droit, même lorsqu'il se manifeste dans les trois cas prévus, parce que, suivant les cas, des garanties différentes et des modes de procéder spéciaux pourront être réclamés comme nécessaires, ou tout au moins comme désirables. La déclaration de l'Institut à Lausanne est d'ailleurs entrée pleinement dans cette voie, où je ne fais que la suivre. Tout en reconnaissant que je ne la suis que d'un peu loin, ne croyant pas devoir reproduire toutes les distinctions qu'elle a indiquées, entre les expulsions ordinaires et extraordinaires, après les expulsions prononcées en cas d'urgence et en dehors de ce cas.

Expulsions par catégories. — Elles doivent être prononcées rarement et avec la plus grande circonspection, parce que sou-

vent motivées par les fautes de certaines personnes plus spécialement, elles peuvent atteindre des individus auxquels aucun reproche sérieux ne peut être adressé personnellement.

Toutefois à la suite d'événements de natures diverses, des grou-
pes d'individus nombreux jetés sur un territoire étranger, peuvent
y causer un véritable danger, et ce danger résultant de leur agglomération elle-même, il peut être indispensable, pour le conjurer,
d'agir contre cette agglomération. Parfois même ce sera à la suite
d'événements successifs et d'une série de causes personnelles que
des étrangers d'une même nationalité, ayant à diverses époques
franchi la frontière, se trouveront à un moment donné réunis et
groupés. Si des troubles naissent à raison de leur présence et de
leur manière de se conduire, dont l'irrégularité aura été constatée
par des condamnations nombreuses ou d'autres preuves certaines et
irrécusables, s'ils menacent réellement l'ordre public et la sûreté
des territoriaux; comment refuser au gouvernement le droit de mettre fin à cette cause de trouble et de danger en refoulant ces étrangers sur leur propre territoire, et en agissant ainsi à l'encontre de
certaines catégories, au lieu de se borner à frapper de simples individualités. C'est ainsi que la France a dû agir parfois contre des
étrangers groupés en grand nombre le long de ses frontières, et que
dans d'autres conditions, les Etats-Unis, quelque peu partisans
qu'ils soient de l'exercice du droit d'expulsion, ont également procédé après 1868 et notamment vers 1880, où le droit d'expulsion
a été pratiqué contre des catégories d'étrangers à la suite de résolutions prises par divers Etats de l'union pour leurs territoires respectifs.

Expulsions en masse. — Les expulsions en masse d'étrangers appartenant à une même nationalité, ne sont généralement
point admises en dehors de l'état de guerre. F. de Martens, *Traité
de droit intern.*, trad. Léo, t. I, p. 147 ; Heffter, trad. Bergson,
§ 62, et les auteurs qu'il cite. Voy. *infra*, art. 12.

IV

Intérêts divers à prendre en considération lorsqu'il s'agit de prononcer une expulsion. — J'ai cru qu'il était utile de reproduire cette règle que j'emprunte à la déclaration de l'Institut lui-même dans sa session de Lausanne, parce qu'elle signale les deux points de vue opposés auxquels doit se placer l'autorité lorsqu'elle est dans le cas de statuer sur une expulsion.

On est généralement porté, de nos jours, à faciliter l'établissement des étrangers sur les territoires amis où ils se rendent. Il ne faut pas qu'on puisse, en les expulsant arbitrairement, leur faire perdre le bénéfice d'une situation qu'ils ont régulièrement acquise, ce serait leur tendre un piège. Vattel, *Droit des gens*, liv. II, chap. VIII, § 104 ; de Bar, *Journal* de Clunet, 1886, p. 5.

V

Nécessité de motiver l'expulsion. — Les auteurs s'accordent pour reconnaître que le droit d'expulsion, n'est point un droit absolu, en ce sens qu'il puisse être exercé d'une manière arbitraire et suivant le caprice et le bon vouloir de ceux qui en sont investis. On ne peut pas ne pas partager cet avis. Toute arme ne doit être employée que pour défendre une cause juste, ou que l'on croit juste tout au moins, sinon son usage est un abus, ou produit une injustice. Je ne me dissimule pas que toutes les fois qu'une expulsion sera prononcée, l'auteur de la mesure, pourra toujours la couvrir, s'il ne la justifie pas, en indiquant une cause qu'il présentera comme légitime, de sorte que, en définitive que la cause soit exprimée ou non, la mesure pourra n'en être pas plus juste ou injuste pour cela. Cependant l'obligation pour l'expulsant de faire connaître les motifs de son acte, me paraît être un principe qu'il faut poser, car il implique que l'expulsant est tenu de justifier la mesure qu'il prend, et c'est une garantie qu'il n'y a pas lieu de négliger. C'est ce que pensent : Heff-ter, § 53 ; Dudley-Field, art. 321 ; P. Fiore, *Droit pénal*, n° 87 ; Bluntschli, n° 382 ; de Bar, *Journal* de Clunet, 1886, p. 5 et suiv.; Bès de Berc, *de l'expulsion*, p. 31. La loi Néerlandaise du 13 août 1817, art. 11, l'a exigé. Je dois reconnaître que M. Rolin Jacque-myns, est d'un avis contraire, il ne croit pas qu'il soit nécessaire de motiver un arrêt d'expulsion, ces motifs devant être le plus souvent trop vagues ou trop incomplets pour avoir une véritable portée *Revue de droit intern.* 1888, p. 501.

Je crois qu'on peut, d'autant plus admettre que le motif de l'ex-pulsion doit être indiqué, que le gouvernement de l'expulsé est admis à réclamer qu'on le lui fasse connaître, ce que admet M. Rolin Jac-quemyns, *Loc. cit.* Pourquoi l'expulsé n'aurait-il pas le même droit ?

C'est ce qui me fait renoncer à l'observation contraire que j'avais présentée à Lausanne ; toutefois le motif devra être sommairement indiqué comme cela se pratique dans tous les actes d'administration, de police et d'autorité, et non avec ces discussions et développements que comportent parfois les décisions judiciaires.

Utilité de signaler certains cas d'expulsion justifiée, sans limitation absolue. — S'il est possible de signaler certains cas dans lesquels l'expulsion doit être considérée comme justifiée et qui permettent d'indiquer le caractère des infractions qui peuvent la motiver, il ne serait pas prudent de se lier par une nomenclature ferme et définitive qui, forcément incomplète, porterait des restric-tions contraires à la nature même de cette mesure ; de là le mot *notamment* inséré dans notre projet. On avait tenté en Belgique, à la Chambre des représentants en 1865, de restreindre le droit d'ex-pulsion à certains cas exclusivement limités. On a dû y renoncer, la nature même de ce droit ne le comportant pas, et il est inutile de poser des restrictions qui, comme on l'a fait remarquer, ne devraient pas être respectées, (Goddyn et Mahiels, *Le droit crim. Belge* p. 94). M. Pradier Fodéré, persiste toutefois à penser que la limitation des

causes devrait être la règle à adopter : (*Droit intern. public*, t. 3,
n° 1859, p. 1087 *in fine*).

De ce que notre énumération n'est qu'énonciative et non limita-
tive, en résulterait-il qu'elle serait inutile, je ne le pense pas, parce
que par ces indications, elle signale les conditions normales les plus
usuelles de l'application de la règle, et en matière de législation et
réglementation le procédé est fort en usage, car tous les jours on voit
constater dans les commentaires et dans les décisions des tribunaux,
que les énonciations que les dispositions législatives renferment,
ne sont qu'énonciatives et non limitatives.

**Obligation pour l'étranger de se soumettre aux lois du
territoire.** — Cette obligation ne saurait être contestée, elle est
écrite partout et résulte de la force même des choses ; l'étranger ne
peut se placer au-dessus et en dehors de ces lois, ai-je besoin de
citer les Codes civils Français et Belge, art. 3 ; le décret français du 2 octobre 1888, art 5 ; les traités d'établissement Franco-
Suisses des 30 juin 1864 et 22 février 1882, et l'application qu'en a
faite le Conseil fédéral le 12 avril 1876, à l'encontre du Français
Morel. Pictet, *Traité d'établiss. Franco-Suisse* p. 36 et suiv.;
Vattel, *droit des gens*, liv. II, chap. VIII, § 101, etc. etc.; de Bar,
Journal de M. Clunet, 1886, p. 5.

Toute désobéissance à ces lois, ne pourra cependant être considérée comme une juste cause d'expulsion, il faut que cette infraction soit grave ou persistante, mais c'est à la Puissance territoriale
à l'apprécier sous sa responsabilité.

Lorsqu'il s'agit des lois générales de police et de sûreté, il n'est
pas possible d'exiger qu'il en soit donné une connaissance spéciale
et individuelle à chaque étranger ; mais si un étranger n'est admis,
à cause de la situation exceptionnelle où il se trouve placé, à ne résider sur un territoire qu'à des conditions personnelles spéciales, il
doit en être directement instruit. C'est ce que l'Institut a prévu
dans l'article 1er des résolutions adoptées à Lausanne.

Imperfection des lois territoriales. — Il n'appartient pas à l'étranger qui refuse de se soumettre aux lois du territoire sur lequel il se trouve, d'en contester la sagesse ; s'il trouve trop rigoureux de s'y soumettre, qu'il ne se porte pas sur un terrain dont l'état politique ou social lui est antipathique. Il ne saurait lui être permis de substituer sa volonté et ses aspirations aux prescriptions d'une loi qu'il accepte en mettant le pied dans le pays qu'elle régit et qu'il doit respecter. Toutefois, comme cette règle de conduite est trop souvent oubliée, j'ai cru bon de la rappeler. M. F. Martens n'avait pas cru inutile de le faire avant moi (*Traité de droit intern.*, trad. A. Léo, t. i, p. 118).

Prostituées. — Loi autrichienne du 27 juillet 1871 ; traité d'établissement Franco-Suisse du 22 février 1882, art. 5, reproduisant, quant à ce, le traité du 30 juin 1864 ; décision du trib. fédéral de 1882, Clunet, *Journal*, 1883, p. 537.

Une convention est intervenue entre la Belgique et les Pays-Bas, à la date du 18 décembre 1886, pour assurer le retour dans leur pays, sur leur demande, des prostituées qui veulent y rentrer pour se soustraire à ce genre de vie.

Mendiants et Vagabonds. — Plusieurs lois ont enjoint à l'administration, ou lui ont permis, d'expulser les étrangers condamnés pour vagabondage ; C. P. français, art. 272 ; C. P. sarde de 1859 ; C. P. serbe, art. 312 et suiv.; C. P. hongrois du 14 juin 1879, art. 69.

Mais ce pouvoir a été généralement concédé aux gouvernements, même en l'absence d'une condamnation préalable, lorsque l'état de vagabondage ou de mendicité de l'étranger est administrativement constaté. Lois françaises ou décrets des 15 octobre 1793 ; 10 vendémiaire an iv, 18 pluviôse an ix ; 5 juillet 1808. Explications données par le rapporteur, lors du vote par les chambres françaises de la loi du 3 décembre 1849 ; Bès de Brée, *De l'expulsion*, p. 31; de Martitz, *Annuaire*, 1888-89, p. 238.

L'expulsion des vagabonds et gens sans aveu est textuellement autorisée par des lois et règlements belges, par la loi autrichienne du 27 juillet 1871, par la loi espagnole de 1852 et l'ordonnance de 1858 ; par diverses ordonnances hongroises maintenues par l'article 69 du Code pénal du 14 juin 1879, par la constitution de la Californie du 7 mai 1879, sect. 1, art. 19 ; par les divers traités d'établissement conclus par la Suisse et notamment dans le traité avec la France du 22 février 1882, art. 5 ; elle est prévue dans l'article 17 de la convention consulaire Franco-Espagnole du 7 janvier 1862. Voy. de plus de Bar, *Journal de Clunet*, 1886, p. 5 ; de Vigne, *Revue de droit intern.*, 1870, p. 197.

En parcourant les recueils de traités, on trouve dans la période qui suit 1820, une série de conventions entre les divers Etats allemands au sujet des vagabonds passant les frontières, ainsi 5 avril et 9 juillet 1821, Prusse et Reuss Plauen ; 27 avril et 7 décembre, Reuss Plauen et Bavière ; 2 juin, Reuss Plauen et Saxe ; 14 novembre, Saxe et Saxe Weimar ; 17 décembre, Saxe et Saxe Gotha, etc., etc., et même en dehors de l'Allemagne : 7 mars 1823, Danemark, Suède.....

Absence de profession utile. — On ne peut considérer comme une profession, en ces matières, qu'une profession véritablement sérieuse. C'est ainsi que la loi danoise, du 15 mai 1875, indique qu'on peut expulser comme vagabonds les bateleurs, musiciens ambulants, bohémiens. La circulaire du Ministre de l'intérieur de France du 31 août 1849, *Bull. offic.*, 1849, p. 426, est conçue dans le même sens.

Bandes nomades. — Le Ministre de l'intérieur de France déclarait à la Chambre des députés, dans la séance du 18 juin 1889 (*Doc. parlem.*, p. 1127), que les préfets avaient reçu l'ordre de refouler jusqu'à la frontière, ces bandes de gens nomades ayant même une profession, mais causant des rassemblements et se répandant en grand nombre dans les communes.

Indigents. — C'est ce que consacrent entre autres documents: pour la Belgique, l'arrêté-loi de 1830, art. 3, et les circulaires à l'appui des 18 avril 1850 et 11 janvier 1852 ; pour le Danemark, la loi du 15 mai 1875; pour l'Espagne, l'ordonnance de juin 1858; pour la Suisse, l'article 45 de la constitution. Cela est écrit dans le traité signé le 20 octobre 1866, entre la France et la ville de Brème.

Cependant lors d'un incident qui s'est produit à la Chambre des Communes le 12 août 1887, le gouvernement anglais a déclaré qu'il n'avait pas le droit de procéder au retour des étrangers indigents se rendant en Angleterre.

Consulter dans le sens du projet : de Bar, *Journal* de Clunet, 1886, p. 5 ; Durand, *Droit intern. privé*, n° 210 et 211 ; de Vigne, *Revue de droit intern.*, 1870, p. 197 ; Dudley Field, trad. A. Rolin, art. 208 ; de Martitz, *Annuaire de l'Inst.*, 1888-89, p. 238.

Expulsion des condamnés. — Diverses lois autorisent l'expulsion des étrangers condamnés pour certains crimes ou délits. Citons : C. P. italien, liv. 1, art. 26 ; C. P. français, art. 272; lois belges des 3 avril 1848, 7 juillet 1865, 17 juillet 1871, etc.; ord. 31 décembre 1841 et l. du 26 novembre 1880 du grand duché de Luxembourg ; C. P. allemand du 31 mai 1870 ; C. P. hongrois du 28 mai 1878, art. 64 ; décret espagnol du 17 novembre 1852.

Mais en dehors de ces lois qui autorisent l'expulsion par l'autorité administrative, comme conséquence d'une condamnation à raison d'un fait spécial et déterminé, plusieurs lois ont autorisé l'expulsion de l'étranger condamné soit en dehors du territoire, soit sur le territoire à raison de faits présentant une gravité sérieuse; et même parfois, de l'étranger simplement poursuivi en dehors des frontières et qui se réfugie sur le territoire, sans que son extradition soit réclamée. On peut citer comme consacrant ce droit, en dehors de la plupart des documents que je viens de citer, spécialement les lois belges des 1er juillet 1880 et 6 février 1885 ; le Code pénal

allemand du 15 mai 1871 ; la loi austro-hongroise du 27 juillet
1871 ; la loi du 26 novembre 1880 du grand duché de Luxembourg ; la constitution suisse, art. 45 ; sic de Bar, *Journal* de Clunet, 1886, p. 5 ; Dudley Field, *Code intern.*, trad. de A. Rolin,
art. 206 ; de Martitz, *Annuaire*, 1888-89, p. 238.

En effet, pour ce dernier cas, si l'État de l'inculpé ne croit pas
devoir réclamer l'extradition, et s'il assure ainsi l'impunité de celui
qui se soustrait par la fuite à un juste châtiment ; pourquoi forcer
l'État sur le territoire duquel un criminel s'est réfugié à lui servir
d'abri, surtout si sa présence peut présenter des dangers.

Lors de la discussion du projet de loi de 1882, sur l'expulsion en
France, on proposa de supprimer de la catégorie des personnes
pouvant être expulsées, les condamnés à l'étranger. Cela fut re-
poussé, et en effet c'est la situation du repris de justice qui constitue le danger, et pourquoi le gouvernement serait-il obligé, pour y
parer, d'attendre que le réfugié condamné à l'étranger et qui à la
suite croit devoir s'expatrier, subit une nouvelle condamnation sur
le territoire où il s'est réfugié, après avoir commis un nouveau
crime. L'expulsion, je ne saurais trop le répéter, n'est pas une
peine, une mesure répressive, c'est une mesure préventive et c'est
dans ces conditions et avec ce caractère qu'elle doit être pratiquée.

M. Bès de Bree, *De l'expulsion*, p. 32, ne pense pas qu'on
puisse expulser un étranger, par cela seul qu'il a été condamné, il
faut encore que sa présence sur le territoire où il se trouve soit
reconnue dangereuse. L'État sur le territoire duquel se trouve un
condamné qui a subi sa peine, n'est pas tenu de l'expulser, il en a
seulement le droit, sans être contraint d'en user, mais s'il en use,
il doit être admis qu'il a procédé avec juste cause.

D'un autre côté, pouvait-on appliquer la règle à tout condamné,
quelle que fût la nature de la prévention et de la peine ? Évidemment non ; mais où trouver une distinction nette et suffisante entre
les condamnations devant avoir ces conséquences et les autres ? Il
nous a paru qu'en l'état des traités d'extradition qui existent aujour-
d'hui entre presque tous les pays, il était naturel de poser en règle

que l'étranger pourrait être expulsé lorsque le fait qui a motivé sa condamnation serait l'un des faits prévus par le traité d'extradition liant l'Etat qui prononce l'expulsion avec l'Etat dont ressortit l'expulsé. Loi belge du 9 février 1885, art. 5 ; de Vigne, *Revue de droit intern.*, 1870, p. 200.

Etranger compromettant la sûreté intérieure ou extérieure de l'Etat. — Le droit d'expulser l'étranger qui compromet par sa présence, et surtout par ses actes, la sûreté intérieure ou extérieure de l'Etat, a été inscrit dans l'article 70 de la constitution fédérale suisse, dont il a été fait de nombreuses applications. Décisions du Conseil fédéral, notamment 23 août 1881, Clunet, *Journal*, 1882, p. 220 ; 21 juillet 1883 ; Clunet, 1883, p. 535, etc. Il avait été inscrit en France, sous le Directoire, dans l'article 7 de la loi du 28 vendémiaire an VI. Il se trouve dans le projet présenté aux Chambres françaises le 1 mars 1882, et il fut affirmé à cette époque par le rejet d'un amendement présenté par M. Talandier ; dans l'article 2 de la loi autrichienne du 27 juillet 1871 ; dans l'article 1ᵉʳ de la loi belge du 9 février 1885 ; dans les articles 5 à 10 du règlement du 17 avril 1883, pour la Bosnie et l'Herzégovine ; l'article 7 du traité d'établissement de la Suisse avec l'Allemagne ; la loi danoise du 15 mai 1875 ; la loi du grand duché de Luxembourg du 26 novembre 1880 ; la loi néerlandaise du 13 août 1847 ; la loi roumaine du 6-18 avril 1881 ; la loi mexicaine du 28 mai 1886 ; la loi de l'Equateur du 28 août 1886. Il est admis par la plupart des auteurs déjà cités et notamment Goddyn et Mahiels, *Droit crim. belge*, p. 83 ; Hœnel, *Journal* de Clunet, 1884, p. 482 ; Durand, *Droit intern. privé*, nᵒˢ 210, 211 ; déclarations de M. Bara, ministre de la justice, au Parlement belge en mai 1880 ; de Bar, *Journal* de Clunet, 1886, p. 9 ; de Vigne, *Revue de droit intern.*, 1870, p. 200 ; de Martitz, *Annuaire*, 1888-89, p. 238.

Je propose d'assimiler, pour déterminer les justes causes d'expulsion, les actes faisant naître pour l'Etat un danger intérieur avec ceux qui lui créeraient un danger extérieur. En Angleterre, où l'on a toujours voulu conserver une grande liberté d'allures pour pouvoir agir suivant que les circonstances paraîtraient l'exiger, je trouve à un certain moment qu'en éliminant toute cause tirée d'un danger extérieur, on n'admet comme légitime que l'expulsion motivée sur la présence d'un individu constituant un danger intérieur. « Je ne pense pas, disait lord Palmerston, qu'aucun *alien bill* ait été passé soit à des époques antérieures, soit dans le cours du siècle, qui donne au gouvernement le pouvoir d'expulser les étrangers, à moins que ce ne soit dans des circonstances liées à la sécurité intérieure du pays. Le gouvernement britannique ne s'est jamais proposé de pourvoir à la sécurité intérieure d'autres pays. Il suffit qu'il ait le pouvoir de veiller à sa propre sécurité. » Hansards, *Parliamentary Debates*, 3ᵉ série, vol. 124, p. 80, 1ᵉʳ mars 1853. C'est ce que plus tard les États-Unis ont dit à l'Angleterre.

Les autres États n'ont pas admis cette distinction, comme je l'indiquais tantôt. Il en est même qui ont autorisé des poursuites devant les tribunaux territoriaux à raison de crimes et délits portant atteinte aux relations internationales et ont attribué compétence à ces tribunaux pour prononcer les peines édictées. Loi belge, 12 mars 1858; art. 84 et 85 du C. pénal français.

Satisfaction donnée à des intérêts privés. — « Tous les motifs légitimes d'expulsion se résument en ces deux mots : l'intérêt public du pays d'où l'expulsion est faite. Je dis l'intérêt public, ce qui exclut la légitimité non seulement d'une expulsion faite pour satisfaire par exemple l'intérêt, la vengeance ou la jalousie d'un particulier ; mais aussi d'une expulsion faite, ou sans motifs avouables, ou pour sauvegarder l'intérêt privé de l'État qui expulse, par exemple, pour le débarrasser d'un plaideur ou d'un créancier gênant. » Rolin Jaequemyns, *Rapport*; *Revue*, 1888, p. 501. Goddyn et Mahiels, *Droit crim. belge*, p. 95.

Toutefois ici encore il ne faudrait pas appliquer cette règle d'une manière trop absolue, et si l'expulsion ne peut arriver au secours par exemple du négociant que les entreprises d'un voisin, même étranger, contrarient dans ses combinaisons commerciales, il ne saurait en être de même si les actes commis par les étrangers avaient pour but de nuire d'une manière générale à l'industrie du pays, notamment dans les cas prévus et à raison des faits punis par les lois de répression de ce pays (art. 418 et suiv. du C. P. français). D'ailleurs, en pareil cas, l'expulsion se trouverait réellement fondée sur un motif d'intérêt public.

Etranger objet d'une demande d'extradition. — Si l'étranger a été l'objet d'une demande d'extradition, la puissance territoriale ne peut pratiquer une expulsion à son encontre avant d'avoir examiné cette demande, et dans le cas seul où il n'y serait pas fait droit ; sinon elle se trouverait dans l'impossibilité de consentir à l'extradition si elle reconnaissait que la demande est fondée, alors que l'étranger aurait déjà quitté le pays. Elle contreviendrait ainsi aux traités d'extradition lorsqu'ils existent, et à défaut aux devoirs de bon voisinage. La loi du grand duché de Luxembourg, du 26 novembre 1880, prévoit le cas dans son article 1er *in fine*.

VII.

Différences entre l'extradition et l'expulsion ; pourquoi celle-ci est applicable aux matières politiques. — Il est admis aujourd'hui fort généralement et à de très rares exceptions près, que l'extradition n'est pas applicable à raison de crimes et délits politiques. Je crois que la première déclaration portant qu'elle n'aurait plus lieu en ces matières, se trouve dans un traité conclu par la France le 22 novembre 1834, et il est inutile de citer les documents nombreux qui l'ont consacrée depuis, non plus que les auteurs qui y ont adhéré, puisque cette question n'est point à discuter ici. Voyez au surplus à ce sujet, L. Renault, *Des crimes politiques* en matière d'extradition, *Journal* de Clunet, 1880, p. 55,

nᵒ 83, et Fiore *Droit pén. intern.*, nᵒˢ 391 et suiv., p. 513 et suiv.,
nᵒ 400, p. 590. Toutefois *contra*, conv. d'extradition entre la Russie
et la Prusse, du 1ᵉʳ-13 janvier 1885 et du 19 septembre et 1ᵉʳ octobre 1885 entre la Russie et la Bavière. Je ne rappelle la question
que pour indiquer que cette solution qu'on a voulu rendre commune
à l'expulsion, ne lui est nullement applicable, comme l'ont fait
justement observer MM. A. Rolin, (session de Bruxelles, *Annuaire*,
8ᵉ année, p. 166); E. Roguin, *Le droit d'asile en Suisse. Journal
de Clunet*, 1881, p. 284; Bès de Bere, *De l'expulsion*, p. 37, etc.

Livrer des réfugiés politiques ou même des personnes ourdissant
des attaques contre un Etat étranger sur le territoire d'un autre Etat,
à la justice de l'offensé, pour qu'ils soient poursuivis et subissent la
sévérité des lois émanées de l'Etat offensé, est une mesure complètement différente de celle qui consiste à ne pas conserver ces hommes sur un territoire qui leur a fourni un asile, un refuge, un droit
de libre résidence et de les priver de cette résidence. Le droit
d'expulsion en pareil cas, lorsqu'il est commandé par les circonstances, ne me paraît pas pouvoir être sérieusement contesté, je le
trouve proclamé notamment dans des jeunes Républiques du nouveau monde, qui, si elles ne l'ont pas toujours observé, l'ont inscrit
dans des constitutions souvent préparées par de savants jur[is]con-
sultes. L'art. 2 de la loi du 28 août 1886, de la République de
l'Equateur, autorise l'expulsion des étrangers qui prennent part aux
discussions politiques de l'Etat, et l'article 10 leur défend de s'associer, pour s'occuper de ces affaires, et de participer aux démarches
et opérations ayant pour but de préparer les actes politiques réser-
vés aux citoyens. Le pouvoir exécutif de l'union Mexicaine, est
autorisé à expulser tout étranger qui prend parti dans les discordes
intestines du pays, loi 28 mai 1886.

On a dit avec raison que les étrangers cèdent trop souvent à la
tentation de se mêler des affaires de l'Etat qui les reçoit, plus qu'il
ne convient à leur situation, et je me plains de cela, quel que soit
le parti qu'ils agréent; blâmant les actes d'hostilité, je n'applaudis
pas davantage à ces manifestations sympathiques, ou soit que l'on a

acceptées comme telles, quelque fût parfois leur caractère burlesque, qui se sont produites chez nous le lendemain des jours d'orage ou pendant la tourmente.

Celui auquel l'hospitalité est accordée doit plus que personne respecter les lois du pays qui l'accueille, et il n'est pas admissible que, tandis qu'il contracte ainsi une dette sacrée vis-à-vis d'une nation, il puisse abuser de son séjour en suscitant des difficultés soit à l'intérieur, soit à l'extérieur, au pays dans lequel il trouve un abri et un refuge.

En laissant aux citoyens d'un Etat la latitude la plus grande pour le règlement de leurs intérêts, il faut reconnaître que les étrangers n'ont nullement à intervenir dans ce règlement et la seule situation régulière qu'ils doivent prendre est une soumission absolue aux lois du territoire sur lequel ils sont reçus, et qu'ils n'ont qu'à quitter, si le régime politique ou social qui y est en vigueur, ne leur convient pas ; qu'ils rentrent chez eux pour jouir des bienfaits de leur constitution nationale, ou pour en provoquer et obtenir les redressements qu'ils jugeront nécessaires. Et à défaut par eux de remplir leurs devoirs envers le pays qui les accueille, faut-il bien autoriser le gouvernement de ce pays à les inviter à en sortir.

La situation de ces personnes doit d'ailleurs être examinée aux deux points de vue qu'elle comporte nécessairement. Non seulement l'Etat où ils se trouvent est en droit d'exiger que, par l'irrégularité de leur conduite, ils ne soient pas une cause de trouble et de désordre à l'intérieur, mais encore qu'ils ne soient pas une cause de sérieuses difficultés à l'extérieur, qu'ils ne suscitent pas des réclamations qui, alors même qu'elles se vident sans porter atteinte à l'intégrité du territoire après avoir motivé des luttes armées, peuvent donner lieu à des communications dont le caractère parfois agressif et menaçant rompt les relations de bon voisinage en froissant les sentiments nationaux les plus respectables. Le ressortissant qui se conduit de manière à troubler la paix intérieure est sévèrement puni par diverses législations. C. P. français, art. 84 ; arrêt de la cour de Grenoble du 25 avril 1831, S. 52, 2, 90. Comment refuser au gouvernement le droit d'expulser l'étranger qui le conduirait dans cette voie dangereuse ? L. Renault, *Des crimes politiques en matière d'extradition*, *Journal* de Clunet, 1880, p. 57, note 4 ; E. Roguin, *Le droit d'asile en Suisse*, *Journal* de Clunet, 1881, p. 284 et suiv.

Aussi me paraît-il utile de consacrer dans nos résolutions un droit complétement légitimé dans ces circonstances et qui est reconnu et pratiqué. On peut consulter à ce sujet les explications données au Conseil fédéral suisse par le conseiller Hammer, à l'occasion de l'expulsion, en avril 1879, du sieur Gœhlsen, allemand, ayant publié des articles appelant le peuple allemand à la révolte, les explications fournies par le rapporteur du projet de loi du 3 décembre 1849 en France, *Moniteur*, 15 novembre 1849. Le 25 mai 1871, M. d'Anethan, ministre belge, interpellé à raison de sa conduite à la suite des actes de la Commune de Paris, disait : « qu'il userait du pouvoir dont il était armé pour empêcher l'invasion du sol de la Belgique, par ces hommes qui méritent à peine ce nom et qui devraient être mis au ban de toutes les nations civilisées. » Victor Hugo, ayant cru devoir protester contre cette déclaration dans un numéro de *l'Indépendance Belge* du 27 mai 1871, fut expulsé par décret du 30 mai 1871. La loi belge, du 30 mai 1868, a été appliquée en 1872 et, dit-on, en 1889, à des personnages politiques et incontestablement au conseiller municipal de Paris, Chauvière, au député socialiste hollandais Nieuwenhuygs ; en Espagne, ce droit est considéré comme indiscutable. Voy. Millet, *Bull. légis. comp.*, 1881, p. 591 ; Bluntschli, *Droit intern. codifié*, trad. Lardy, art. 398 ; Dudley Field, trad. A. Rolin, art. 207 ; Woolsey, *Intern. law*, § 79 ; Wildman, *Intern. law*, p. 59 ; Rolin Jaequemyns, *Revue*, 1888, p. 502.

Calvo écrivait en 1880 (3ᵉ édit., t. 1, nᵒ 380, p. 447) : « Certains publicistes n'ont pas craint de soutenir que l'organisation d'expéditions hostiles n'engage pas la responsabilité du gouvernement territorial, lorsque les nationaux n'y prennent aucune part et qu'elles ne sont imputables qu'à des étrangers réfugiés politiques, émigrés ou autres. Énoncer de pareilles doctrines, c'est ne pas comprendre les devoirs moraux qui rattachent les nations les unes aux autres, méconnaître les obligations qu'impose la neutralité et légitimer implicitement tous les crimes ou les délits internationaux, la trahison, la désertion, l'excitation à la guerre civile, etc. La circonstance que les sujets territoriaux ne s'y associent pas directement n'atténue en rien ni la criminalité intrinsèque de l'acte prémédité d'agression, ni la responsabilité du gouvernement qui le laisse consommer sous ses yeux, puisque le but poursuivi et ses conséquences immédiates restent les mêmes. En ce qui concerne les émigrés politiques, sur lesquels seuls on voudrait concentrer la responsabilité de l'attentat qu'ils préparent, on oublie qu'ils sont doublement coupables : d'abord envers leur patrie dont ils méditent de renverser le gouvernement ou de troubler la tranquilité intérieure ; ensuite envers le pays dans lequel ils se sont réfugiés, parce qu'ils le compromettent moralement, violent ses lois et méconnaissent les devoirs de l'hospitalité qu'ils en reçoivent. C'est assez dire que le gouvernement qui ne s'oppose pas à la réalisation de semblables combinaisons se rend complice de l'attentat et ne peut décliner les conséquences de sa coupable conduite. »

L'Angleterre, sans méconnaître ce droit, en fait difficilement usage et ne paraît pas regretter d'abriter des réfugiés politiques étrangers dont la présence et la conduite peuvent porter ombrage à des puissances continentales, en tant que l'ordre intérieur dans le pays n'en est pas menacé. La formule est que l'hospitalité est la règle et que l'expulsion ne peut être que l'exception pour remédier au cas d'abus. En principe, c'est ce que les autres nations ne répugnent nullement à admettre ; mais quand y aura-t-il usage licite ou abus condamnable, *to use it, and not to abuse it.* On a fait remarquer, et c'est en quoi il y a dissidence entre la Grande Bretagne et les autres États, que l'Angleterre est dans l'habitude d'envisager la question à son point de vue propre et exclusif, en prenant très peu en considération l'intérêt de la nation à laquelle appartient l'étranger, et suivant que cela entre dans ses convenances politiques exclusives, elle repousse ou non ces hôtes ininvités, *uninvited guest*. W. F. Graies, *Journal* de Clunet, 1889, p. 246.

Je n'ai pas à rappeler des faits trop récents, auxquels il ne m'est permis que de faire allusion, pour établir que ce n'est point dans ce sens étroit et, ajouterai-je, égoïste, ou tout au moins anti-international, que l'on entend généralement l'usage du droit d'expulsion en ces matières. J'aime bien mieux Wharton : qui après avoir indiqué que les réfugiés politiques doivent recevoir un libre asile dans un Etat, ajoute : No fugitive should be permitted to use this asylum, for the continued prosecution of political assaults on his home state. *A treatise of on the conflict of laws*, n° 915, note A.

Ce qui est permis n'est d'ailleurs point commandé fatalement, et le pays où se trouvent des étrangers réfugiés à la suite de faits politiques n'est nullement tenu de les expulser. Il peut même les maintenir non sans sympathies ni faveurs sur son territoire, s'il pense qu'ils y ont droit ; mais sans jamais les aider dans des projets hostiles, à moins de s'exposer à de justes remontrances et aux conséquences de cette sorte de complicité. Parfois même, peut-être dans un intérêt politique et pour s'assurer un moyen d'action, sinon de pression, on verra un gouvernement maintenir sur son territoire des ennemis politiques d'un autre gouvernement ; mais à ces procédés plus ou moins réguliers et employés aux risques et périls de qui s'en sert, ne devront jamais se mêler un concours et des actes d'encouragements directs ni indirects. Lorsque l'Etat agira par mesure d'humanité et pour ne pas réduire au désespoir des réfugiés sans ressources, il pourra leur donner des secours qui s'arrêtent à la satisfaction de leurs besoins personnels, sans atteindre au niveau des besoins de leur cause. La France a inscrit des sommes fort élevées pour venir au secours de réfugiés politiques, sans que cela ait pu éveiller de justes susceptibilités dans leurs pays d'origine.

En l'état de la solution que je propose, il est inutile de rechercher ici, comme on le fait en matière d'extradition, quels sont les faits connexes, dérivés, annexés aux délits politiques et devant être soumis à la même règle.

Surveillance organisée par un gouvernement sur ses nationaux réfugiés sur un autre territoire. — Un gouvernement ne peut faire acte d'autorité directement ou indirectement sur le territoire d'un autre État, et il ne peut y être représenté que par des agents auxquels cette mission peut être confiée, par suite des règles admises dans le droit public. Mais peut-on lui reprocher d'entretenir sur ce territoire des agents qui, sans caractère public et officiel et devant être traités comme de simples particuliers étrangers, auraient la charge de le renseigner, dans la mesure du possible, sur la conduite des nationaux réfugiés sur ce territoire et dont les actes seraient un juste sujet de suspicion et de crainte pour lui ? En principe, nous ne voyons pas pourquoi ce droit serait contesté, mais son exercice pourra souvent donner lieu à de fâcheux incidents, dès que cet agent s'appuiera trop sur cette qualité, oubliant que sur le territoire où il se trouve, il doit, vis-à-vis des autorités locales, se conduire comme un simple résident étranger, sans qualité distincte ni privilégiée. D'ailleurs, à ce sujet, entre nations amies, il peut exister un *modus vivendi* essentiellement variable que l'on consent à tolérer plus que on en convient, et qui doit être respecté dans les limites restreintes de cette tolérance. A défaut ces étrangers, suivant la gravité des cas, pourraient être invités à quitter un territoire où ils feraient acte d'autorité, ce que le gouvernement local ne saurait admettre.

VIII

Est-il nécessaire de poser la règle écrite dans l'article 8 du projet ? — On peut se le demander aujourd'hui que la liberté des cultes est généralement admise ; mais de ce que on ne la conteste pas, de Bar, *Journal* de Clunet, 1883, p. 13 ; Bluntschli, 384 note *in fine*, ce n'est pas une raison de la passer sous silence. Les dissidences religieuses ont donné si souvent lieu à des mesures de cette nature, qu'il est bon de dire que cela ne doit plus se repro-

duire de nos jours. Sans rappeler des faits passés dans le domaine
lointain et exclusif de l'histoire, on retrouve dans les pages de la
chronique contemporaine bien des traces de luttes en cette matière.
L'article 11 de la constitution fédérale suisse portait : « La Confédération garantit à tous les Suisses de l'une des confessions chré-
tiennes le droit de s'établir librement dans tout le territoire suisse. »
Et l'application de cette disposition de loi aux étrangers avait sus-
cité bien des difficultés entre ce pays et des États voisins. Elle
avait été la cause du rejet par les États Généraux de Hollande du
traité conclu entre la Suisse et ce pays en 1862, et elle avait donné
lieu, après 1860, à de longs et vifs débats diplomatiques entre la
Suisse et la France, débats clos par le traité du 30 juin 1864.
On soumit, le 14 janvier 1866, au peuple suisse, qui les adopta.
des modifications au pacte fédéral plaçant désormais sur un pied
d'égalité, au point de vue de l'établissement, tous les Suisses sans
distinction de religion. Dès ce moment, aucune différence ne fut
faite, à ce point de vue, entre les résidants pour les conditions de
séjour dans le pays ; c'est ce qui était déjà la règle adoptée par les
autres États et notamment par l'Amérique du Nord, la France, l'Angleterre, l'Italie, l'Allemagne, l'Autriche, et même, a-t-on ajouté,
mais je ne le dis qu'avec certaines réserves, la Turquie. P. Pictet,
Étude sur le traité d'établiss. entre la Suisse et la France,
p. 14 et suiv. C'est dans les mêmes conditions que la constitution
de 1876 a remplacé la loi de 1603 en Espagne.

Plusieurs traités indiquent que la faculté de voyager, résider et
s'établir réciproquement dans les pays contractants aura lieu sans
distinction de race ou de religion. Traité Franco-Serbe, 18 juin
1882, art. 2. Dans certains pays, un régime spécial est encore
applicable aux israélites. Voy. notamment pour la Roumanie et la
Russie, F. de Martens, *Droit intern.,* I, 354 ; II, 137 et 424.

Observation des lois nationales. — Si les citoyens doivent être traités avec une parfaite égalité, ainsi que les étrangers
admis à résider sur un territoire sans distinctions entre eux basées

sur leurs croyances religieuses, il faut, d'un autre côté, que ce lien
qui les unit ne provoque pas un groupement séparatiste si intime et
si exclusif, que au lieu de rencontrer des individualités dont le
culte doit rester inconnu, on se trouve en présence d'une société
s'isolant en quelque sorte et constituant, par un ensemble de liens
et d'affinité, une société distincte et une sorte d'Etat dans l'Etat ;
dans ces conditions, il est impossible que cette union, en s'indivi-
dualisant, ne rencontre pas des forces contraires à celle qu'elle
constitue et qu'il n'en résulte pas des luttes avec toutes leurs conséquences.

D'un autre côté, dans les manifestations religieuses et l'exercice
de leur culte, les étrangers doivent se conformer rigoureusement
aux lois de l'Etat qui les a accueillis, et ne pas susciter des désordres, des troubles, ou causer des dangers intérieurs ou extérieurs.
D'où les mesures prises par des Etats dans certaines circonstances
plus ou moins dissemblables, et que je n'ai pas à apprécier, pour
expulser certains corps ou certains individus en faisant partie. Loi
allemande 4 juillet 1873 et 4 mai 1874 ; déclaration minist. belge
lors de la prorogation de la loi du 7 juillet 1865, *Bull. législ. com-
parée*, 1880, p. 531 ; constitution fédérale suisse du 29 mai 1874,
art. 51, 52 ; décisions d'expulsion en Suisse du 7 février 1874,
feuille fédérale 1875, ii, 627 ; 24 juillet 1883, juin 1889.

IX

Réfractaires et déserteurs étrangers. — Je ne pense
pas qu'un Etat soit contraint d'expulser les réfractaires et déserteurs étrangers qui se réfugient sur un territoire voisin pour se
soustraire au service militaire, bien que dans presque tous les pays
ce service soit devenu un devoir auquel sont soumis tous les citoyens. Quand il y aura des traités, et ils sont fort nombreux, ils
devront être exécutés. A défaut toute liberté devra être laissée aux
autorités à ce sujet, elles auront à apprécier si, dans les circonstan-

ces où les déserteurs se trouveront dans le pays, il y a lieu ou non de les expulser. Plusieurs fois des instructions ont été adressées aux cantons suisses par le Conseil fédéral, en leur rappelant qu'ils ne sont nullement tenus d'accueillir de telles personnes ou de tolérer leur présence. S'ils le font, ils agissent dans la limite de leur compétence en matière de police des étrangers ; mais ils sont alors responsables des suites que cela pourrait avoir. Ils sont entièrement dans leurs droits lorsqu'ils renvoyent ces individus à la frontière de la Confédération. Circ. 26 janvier et 16 juillet 1850, 13 septembre 1861, 23 juillet 1878, Pictet, *Traité d'établiss. français*, p. 49. Les traités relatifs aux déserteurs de terre et de mer règlent les devoirs des États à cet égard. La désertion n'est d'ailleurs pas un fait passible d'extradition. P. Fiore, trad. Antoine, *Droit pén. intern.*, n° 385 et note.

X

Expulsion des Femmes. — Pourquoi y aurait-il une exception en faveur d'une femme étrangère qui a justement encouru cette mesure ? Les actes d'application de l'expulsion à des femmes sont nombreux et ne sauraient être critiqués, en principe du moins. Décisions du tribunal fédéral suisse de 1882, Clunet, *Journal*, 1883, p. 537, et 24 juillet 1883 ; décision du canton de Vaud de juin 1889 ; du tribunal correctionnel de Paris, jugements des 8 avril 1884, 25 août 1884, 15 novembre 1886, 12 février 1889.

Mais si la femme épouse un national qui lui confère sa propre nationalité, pourra-t-elle être expulsée de nouveau, si elle rentre sur le territoire après une première expulsion ? On a essayé de soutenir que la mesure doit subsister, si le mariage n'a été contracté que pour éluder la loi, *Fraus omnia corrumpit*, Bès de Bere, p. 64. J'accepte l'application de ce principe en matière de procédure notamment, mais enfin lorsqu'une loi civile portera, comme l'article 12 du Code civil français : « L'étrangère qui aura

épousé un français suivra la condition de son mari », comment
déclarer qu'elle ne la suivra pas et qu'elle continuera à être traitée
comme étrangère, alors que légalement elle a perdu cette qualité,
et que dans le droit interne la disposition de l'article 12 du Code
civil français est considérée comme d'ordre public !

Mineurs. — Pourquoi le mineur de 21 ans ne pourrait-il pas
être expulsé, s'il y a juste motif ? Aussi la jurisprudence française
admet-elle l'affirmative ; arrêts des cours de Paris, 6 février 1884,
S. 85, 2, 215 ; D. 85, 2, 44, et d'Alger, 2 décembre 1886, *Revue
algérienne*, 1886, p. 449 ; L. Renault, *Revue critiq.*, 1885,
p. 585. Mais alors on pourra atteindre un être inconscient en
n'ayant aucun égard pour l'âge ! Nullement, si l'une des justes causes que nous avons signalées ou une cause de même nature ne se
présentait pas, l'expulsion serait arbitraire, et aucune de ces causes
ne pourra se présenter, si, en fait, le mineur est trop jeune pour
qu'il puisse être considéré comme responsable de ses actes.

Les dispositions législatives qui permettent au mineur étranger,
dans certains cas et dans certains pays, d'opter pour une nationalité
autre que celle de ses père et mère, pourraient faire naître des
scrupules dans certains esprits sur le point de savoir si l'expulsion
peut être prononcée avant le moment où cette option est possible.
Des législations ont admis ce tempérament. L. belge, 6 février
1885, art. 1 ; loi du grand duché de Luxembourg, 26 novembre
1880, art. 2. Pour ces cas il semblerait désirable que l'expulsion
ne pût être prononcée que lorsque l'extranéité en suspens s'est
affirmée ; mais je crois qu'on peut dire justement que, avant cette
option possible, le mineur étant étranger, doit être tenu pour tel et
régi par la loi en cette qualité. Le territoire sur lequel il se trouve
ne doit pas, en pareil cas, tellement profiter de cette option éven-
tuelle, qu'il doive lui en assurer préventivement le bénéfice. Hornel,
Journal de Clunet, 1884, p. 180. Cour de Paris, 6 février 1884,
D. 85, 2, 44.

Envoyé d'un gouvernement étranger. — Il est inutile de faire remarquer que l'expulsion de l'Envoyé d'un gouvernement ne peut se produire que dans des cas les plus graves, en l'état du caractère de cet étranger, et des conséquences qu'un pareil acte peut entraîner. La mesure elle-même ne prendra pas ce nom ordinairement, mais au fond c'est absolument la même chose et le droit ne saurait être contesté. « Dans les cas graves, dit Bluntschli, on peut remettre à l'Envoyé ses passeports et lui ordonner de quitter le pays à bref délai. » *Droit intern.* trad. Lardy, art. 210, 235 et 637 ; notes de Brusa aux leçons de droit intern. de Casanova, t. II, p. 26 et suiv.; Carnazza Amari, *Droit intern.* trad. de Montanari Revest, t. II, p. 200 ; F. de Martens, *Droit intern.* trad. de Léo, t. II, p. 58, et les espèces qu'il cite; Wheaton, *Éléments*, 5ᵉ édit., t. I, p. 201; Dudley Field, *Code*, trad. A. Rolin, art. 132, 133; Calvo, 3ᵉ édit., t. I, nº 560, p. 578 et suiv.; Pradier Fodéré, *Droit intern.*, t. III, nº 1534, p. 160.

Habituellement, au lieu de prononcer l'expulsion, le gouvernement demande le rappel de l'Envoyé ; rappel du minist. de Russie sur la demande du cabinet de Washington en 1871. Il n'expulse par voie de remise des passeports et invitation de quitter le pays, que si ce rappel n'a pas lieu.

On cite divers cas d'expulsion d'Envoyés, parmi lesquels je note : celui de l'ambassadeur d'Espagne, conduit à la frontière, en 1645, par la République de Venise ; de Bas, ambassadeur de France, renvoyé d'Angleterre, en 1645 ; le prince de Cellamare, conduit sans escorte jusqu'aux Pyrénées ; le Nonce du Pape, expulsé de Lisbonne en 1761 ; le ministre de Russie à Stockolm, obligé de quitter la Suède en 1788 ; le ministre de France à Londres, renvoyé de la Grande Bretagne à la mort de Louis XVI ; le ministre d'Angleterre renvoyé par l'Espagne en 1848.

Consuls. — On a beaucoup dit et discuté sur les immunités consulaires ; je crois qu'il est sage de s'en tenir à ce qu'a écrit Ch. de Martens, *Guide diplom.*, ch. XII, § 72, t. I, p. 211 :

« Parmi les auteurs qui font autorité, nous ne voyons guère que Moser qui ait élevé pour les consuls la prétention irrationnelle de les placer parmi les ministres publics. Bynkershoek, Wicquefort, Bouchaud, Vattel, Kluber la rejettent et, tout en reconnaissant avec grande raison que ces fonctionnaires ont un caractère public qui leur donne droit à des égards particuliers et qui les place sous la protection spéciale du gouvernement qui les institue et de celui qui les admet, ils déclarent expressément qu'ils ne peuvent prétendre ni à l'immunité de la juridiction locale, ni à l'exemption des charges communes, ni au cérémonial diplomatique. »

Lorsque j'ai cru devoir admettre en rigueur de principe le droit d'expulsion d'un Envoyé ayant la qualité d'agent diplomatique, dans les cas fort graves, par le gouvernement auprès duquel il est accrédité, comment refuser à ce gouvernement, en thèse, un pareil droit à l'égard des consuls étrangers. L'Etat peut refuser de recevoir un consul s'il a de justes motifs pour cela, et, en pareil cas, il ne lui donne pas l'exequatur; mais si ce juste motif se produit lorsque l'exequatur a été donné, il pourra être retiré et le consul être invité et au besoin contraint de quitter le territoire. Voyez Calvo, *Droit intern.*, 3ᵉ édit., t. I, §§ 464 et suiv., et W. Beach Lawrence, *Com. sur les éléments de droit intern.*, t. I, p. 31, signalant des cas d'expulsion et de retrait d'*exequatur*.

Etrangers domiciliés, admis à domicile, etc. — Plusieurs lois internes ont déclaré l'expulsion inapplicable à des étrangers domiciliés ou admis à l'exercice des droits civils sur le territoire. C'est ainsi qu'il a été statué par la loi belge, qui a étendu son exception aux étrangers mariés à une femme belge, qui ont eu un ou plusieurs enfants nés en Belgique pendant leur résidence dans le pays, ou lorsque mariés à une femme belge, ils ont fixé leur résidence en Belgique et ont continué à y résider d'une manière permanente, l. 6 février 1885. La même disposition se retrouve à peu près dans les mêmes termes dans la loi Néerlandaise du 26 novembre 1880, qui a étendu les cas d'exception. L'article 2 de la loi autrichienne du 27 juillet 1871 paraît n'autoriser l'expulsion que lorsque l'étranger n'a pas son domicile légal sur le territoire autrichien. En Danemark, l'étranger ne peut être expulsé lorsqu'il a obtenu le domicile de secours, le droit d'établissement ou l'indigénat.

Lors de la discussion de la loi du 3 décembre 1849, en France, on avait proposé de n'autoriser l'expulsion de l'étranger admis à domicile qu'en tant que cette autorisation aurait été préalablement retirée, après l'accomplissement des mêmes formalités que celles fixées pour accorder. Le Ministre de la justice fit remarquer que les délais que cela pourrait entraîner étaient de nature, dans les circonstances les plus graves, de rendre le droit d'expulsion complètement inefficace et le § 2 de l'article 7 fut alors rédigé ainsi : « Il (le Ministre de l'intérieur) aura le même droit (d'expulsion) à l'égard de l'étranger qui aura obtenu l'autorisation d'établir son domicile en France ; mais après un délai de deux mois, la mesure cessera d'avoir son effet si l'autorisation n'a pas été révoquée suivant la forme indiquée dans l'article 3, » c'est-à-dire par décision du gouvernement, après avis du conseil d'Etat. Lors de la discussion du projet de loi présenté à la Chambre française, le 1 mars 1882, qui n'a pas abouti, on avait proposé d'étendre la garantie établie en faveur de l'étranger admis à domicile, à l'étranger résidant en France d'une manière permanente depuis plus de trois ans. Une autre proposition avait été faite au profit des individus nés d'un étranger sur le sol français, on demandait qu'en ce qui concernait l'expulsion ils fussent considérés comme français, *Doc. parlem.*, 1883, p. 1074. Ces propositions, combattues par le rapporteur, n'avaient pas abouti. *Doc. parlem.*, 1884, p. 10.

Nous ne croyons pas que l'étranger domicilié, ni admis à l'exercice de certains droits civils, puisse exciper de cette situation pour se soustraire aux mesures que peut légitimer dans certains cas sa qualité d'étranger. M. Bluntschli, n° 383, veut qu'on l'assimile au national ; mais cette assimilation n'est pas possible parce qu'elle est incompatible avec la force même des choses. L'étranger, résidant ou non, est un étranger, il ne peut être traité comme un national, parce que chacun d'eux a une qualité propre et contraire. Seulement le droit maintenu, son application devra être entourée de garanties spéciales et plus nombreuses que lorsqu'il s'agira de l'étranger de passage accidentellement. Ici en effet, pour ne pas encourir le reproche de cruauté ou de persécution intéressée, le gouvernement qui prononcera l'expulsion devra user de tous les ménagements et accorder tous les délais compatibles avec la raison d'État. M. Rolin Jacquemyns, *Rapport, Revue*, 1888, p. 501 ; de Bar, *Journal* de Clunet, 1886, p. 12 ; Bès de Bere, *De l'expulsion*, p. 10, 32. Consulter Bernard et P. Fiore, sur l'extradition, et la loi française du 3 décembre 1849.

Titulaires de distinctions honorifiques. — Je n'ai pas cru devoir indiquer que des distinctions honorifiques attribuées à un étranger sur un territoire, ne sauraient le soustraire à une expulsion, s'il s'est mis dans le cas de l'encourir, puisqu'il a manqué aux devoirs que lui imposaient à la fois l'hospitalité reçue et la distinction particulière dont il avait été l'objet. Cependant la loi belge déclare que l'expulsion n'est pas applicable à l'étranger décoré de la Croix de Fer.

XI

Expulsion de nationaux. — Il y a entre le citoyen et la nation dont il fait partie, un lien qui doit être respecté, tant qu'il n'est pas rompu par la perte de la nationalité. Si un national pouvait être expulsé du territoire de son pays, quelle résidence pourrait-il choisir d'une manière certaine, alors que partout ailleurs il pourrait être régulièrement expulsé. P. Fiore, *Droit pén. intern.*, t. I, p. 121, n° 100 ; Bès de Brec, *De l'expulsion*, p. 7 et 39. P. Fiore, *Droit pén. intern.* trad. C. Antoine, t. I, n° 100, p. 121 ; Durand, *Essai de droit int. privé*, p. 498 ; Martitz, *Annuaire* de l'Institut, 1888-89, p. 238.

L'article 44 de la Constitution fédérale suisse, porte : « Aucun canton ne peut renvoyer de son territoire un de ses ressortissants, » et cette disposition n'a fait que consacrer le droit antérieur.

En France, si on ne peut dire que les nationaux ne peuvent être expulsés en vertu de lois exceptionnelles, il est juste de reconnaître que l'expulsion telle que nous l'entendons, c'est-à-dire n'ayant pas un caractère spécial de bannissement ou d'exil, ne peut être prononcée contre des nationaux. Et lorsque des mesures d'expulsion ont été prises à leur encontre et que les trib aux ont été appelés à prononcer la répression les contraventions auxquelles elles donnaient lieu, ils ont toujours refusé de le faire dès qu'il a été justifié de la nationalité française, Cour de Paris, 11 juin 1882, *Recueil des arrêts de Sirey*, 83, 2, 177 ; de cassation de France, 7 décembre 1883 ; Sirey, 85, 1, 89 ; Dalloz, 84, 1, 209 ; cour de Rouen, 22 février 1884.

Bannissement. — Je fais ici allusion à la peine du bannissement, qui, comme le dit M. Mittermaier, trouble les relations internationales, ce qui l'a faite supprimer dans les codes les plus récents. « C'est un acte contraire aux rapports d'amitié et de bon voisinage « qui doivent exister entre nous et les nations dont nous sommes « entourés ; et quoique dans le système du Code de 1810, le ban-« nissement ne puisse être considéré comme un moyen de nous « débarrasser de nos malfaiteurs aux dépens des autres État, puis-« que cette peine n'est établie que pour certains crimes politiques, « c'est cependant montrer peu de bienveillance envers nos voisins « que de leur envoyer des individus qui ont troublé l'ordre public chez nous. » Haus, rapport de la commission qui a rédigé le projet devenu, le 8 juin 1867, le nouveau Code belge. Voy M. Rolin Jaequemyns, *Revue*, 1870, p. 151 ; Bluntschli, art. 368, note *in fine*; Durand, *Essai de droit int. privé*, p. 502. On a défini le bannissement l'action de s'envoyer de peuple à peuple l'écume de la société ; d'Haubersaert, rapport au Corps législatif français du Code des délits et des peines, 12 février 1810.

Dudley Field semble indiquer, *Code intern.*, art. 321, § 2, que la peine de la déportation et du bannissement doit être maintenue, sauf distinguer si son application est faite à un étranger ou à un national. Une disposition conforme au maintien de cette peine se trouve dans le § 2 de l'article 5 du traité du 2 janvier 1858, entre France et la République du Salvador. Le maintien de cette peine ne répugne pas, je le reconnais, à Beccaria, Rossi et Ch. Lucas ; mais Pastoret, *Lois pénales*, t. 1, 2ᵉ partie, p. 112, et Faustin Hélie préfèrent l'opinion que je crois devoir partager.

On a vu des États voisins de la France se refuser à recevoir les français bannis par application des dispositions du Code pénal français, et il a fallu qu'une circulaire ministérielle du 11 septembre 1816, prescrivit aux procureurs généraux de faire subir la peine du bannissement dans les prisons, vu l'opposition que faisaient les États limitrophes de ces bannis. Durand, *Essai de droit intern.*, nᵒ 210, p. 503.

Proscription, exil. — La France n'admet pas en principe l'application aux nationaux de l'expulsion ; mais elle arrive au même résultat à la suite de bannissement et de lois d'exil. Pradier Fodéré, dans ses notes sur Vattel, nᵒ 230, liv. 1, chap. xix, dit : « Les nécessités politiques ont introduit dans la législation des peuples modernes un bannissement qui, semblable à l'ostracisme des athéniens, n'a que les caractères d'une mesure de sûreté publique ; ce sont les proscriptions de familles qui ont régné et auxquelles la souveraineté du peuple a retiré leur mandat. » D. 16-17 décembre 1792 ; lois des 12 janvier 1816 ; 10 avril 1832 ; 26 mai 1818, etc. P. Fiore, *Droit pén. intern.*, trad. Antoine, nᵒ 101, p. 122.

Je n'ai pas à m'expliquer sur ces actes du domaine du droit public interne du pays. Au point de vue international, ils pourraient créer au pays où se réfugie le proscrit des embarras avec l'État qui l'a exilé. Ces mesures ont d'ailleurs, toujours en thèse et en elles-mêmes, un caractère fâcheux, puisqu'elles sont de leur nature anormales, exceptionnelles ; mais elles sont essentiellement temporaires et transitoires, parfois elles ont pu prévenir des conséquences plus fâcheuses encore dont pourraient avoir à souffrir ceux qui en sont les victimes au moment des crises politiques.

Mais je persiste dans mes observations critiques contre le bannissement des nationaux comme peine inscrite dans nos Codes, et je n'approuve pas davantage l'article 3 de la loi du 14 mars 1872, permettant d'expulser les français ayant joué un certain rôle en France dans une association illicite internationale. On considérait ces gens-là comme excessivement dangereux, ce n'est pas ce que je nie; mais comment justifier le droit pour la France de refouler sur un territoire voisin des nationaux dangereux, et de se plaindre ensuite de la tolérance des États où ils se réfugient. C'est au gouvernement territorial à prendre les mesures intérieures nécessaires pour parer à ce danger et à ne pas constituer ainsi à l'extérieur des bandes plus nombreuses, plus compactes, plus libres dans leurs allures et plus dangereuses de criminels.

Expulsion de criminels nationaux. — Il est surtout des expulsions de nationaux qui doivent être formellement interdites ; c'est lorsqu'elles ont pour but de débarrasser un territoire des ressortissants dont les méfaits ou l'indigence peuvent être l'objet de préoccupations de natures diverses. Chaque État doit trouver dans son organisation les moyens de suffire à ses obligations à ce sujet, comme le fait remarquer Pinheiro-Ferreira (sur Vattel, *Droit des gens*, liv. 1, chap. xix, § 229), et il manque à ses devoirs et aux égards qu'il doit à ses voisins, lorsqu'il recourt à l'expulsion pour se soustraire à ces charges.

Je puis affirmer qu'à une certaine époque, un pays fusionné depuis dans un État plus étendu, pour se soustraire aux frais d'entretien de ses condamnés, leur faisait espérer leur grâce, sans raison et avant terme, s'ils s'engageaient à quitter le territoire dès qu'ils seraient libres. Cette conduite, inspirée par un intérêt financier inavouable, dissimulait mal une expulsion de nationaux dangereux, ainsi déversés sur des territoires voisins dans des conditions injustifiables.

Je me rallie dans le texte que je propose à ce que demandait le Dr Liéber dans la lettre qu'il écrivait, le 21 septembre 1869, à l'honorable Hamilton Fish, secrétaire d'Etat à Washington, à l'occasion des condamnés exportés vers l'Amérique par les gouvernements étrangers, *Revue de droit intern.*, 1870, p. 117, et *New-York Times*, du 29 septembre 1869; et les observations de M. Rolin Jacquemyns, *Revue*, p. 150, ainsi que les autorités qu'il cite dans le même sens.

Dans certains Etats, par suite de la déportation ou de la rélégation, des condamnés sont transférés dans une partie du territoire continental ou colonial et y forment des agglomérations nombreuses. Les Etats voisins sont en droit d'exiger qu'ils y soient suffisamment surveillés et gardés de manière que les évasions, en se répétant, ne créent pas des dangers pour la sécurité publique ou privée dans le voisinage.

Privation du droit de résider sur une partie du territoire de l'Etat. — Nous n'entendons pas, en refusant à un Etat le droit d'expulser les nationaux de son territoire, porter atteinte au droit que certaines législations internes attribuent à des autorités nationales d'expulser leurs concitoyens résidant dans les propres colonies de l'Etat, ou groupés autour des consulats étrangers, où ce groupement en nation est autorisé par les traités, comme cela a lieu dans certains pays de l'Orient et de l'Extrême-Orient. Notez que ce n'est pas là une expulsion du territoire national ; mais une privation de résidence sur une partie de ce territoire soumis à des lois exceptionnelles et autres que celles de la mère patrie. En pareil cas, il y a si peu exclusion du territoire entier de l'Etat auquel appartient l'expulsé, que, par exemple, en France, où ce droit existe, il se traduit par un pouvoir donné aux consuls de faire arrêter et renvoyer en France, par le premier navire de la nation, tout français qui, par sa mauvaise conduite, ou ses intrigues, pourrait être nuisible au bien général, art. 82 de l'édit de juin 1778, encore en vigueur, comme je crois l'avoir établi dans mon travail sur la *Juridiction française dans les Echelles du Levant et de Barbarie*, t. ii, p. 87. Je m'en réfère, au surplus, en ce qui concerne cette expulsion, aux explications que j'ai fournies dans la *Revue de droit intern.*, 1887, p. 4 et suiv. En ce qui concerne les expulsions prononcées dans les colonies par les gouverneurs, résidents ou autres autorités locales, on peut consulter les ordonnances des 9 février 1827, art. 75 ; 27 août 1828 ; 22 août 1833 ; 28 avril 1843, et les décrets des 11 janvier 1860, 18 mars 1868, etc.

XII

Expulsion en temps de guerre des ressortissants de l'Etat ennemi. — La formule de la résolution que je propose est empruntée au rapport de M. Rolin Jacquemyns, *Revue*, 1888, p. 500.

Elle est en harmonie avec le manuel de lois de la guerre voté par l'Institut, où on lit : « Que l'état de guerre ne comporte des actes de violence qu'entre les forces armées des Etats belligérants ; et que les belligérants doivent s'abstenir de toute rigueur inutile. » *Annuaire*, t. v, p. 159, art. 1er et 4. P. Fiore, après avoir admis le droit d'expulsion dans ce cas, semble refuser qu'il puisse justement être exercé en masse contre les étrangers appartenant à l'Etat ennemi. *Droit intern.*, trad. Antoine, t. iii, p. 92, n° 1297. Quoi qu'il en soit, si la mesure n'est permise que lorsque la présence de l'étranger présente un danger pour l'Etat sur le territoire duquel il se trouve, que cette expulsion soit jugée nécessaire partiellement ou en masse, je ne vois pas comment on ne la considérerait pas comme justifiée dans les deux cas. Bluntschli, art. 534 ; Phillimore, *Com. on intern, law.*, i, § 220 ; de Bar, *Journal* de Clunet, 1886, p. 10 ; arrêté du gouverneur de Paris du 28 août 1870.

En général les auteurs considèrent l'expulsion en masse comme ne pouvant être justifiée que en cas de guerre ; mais dans ce cas, ils admettent qu'elle peut être prononcée sans violer les règles du droit des gens. Heffter, trad. Bergson, § 2, et les auteurs qu'il cite ;

5

Funck Brentano et Sorel, *Précis du droit des gens*, p. 257. Ce droit est écrit dans plusieurs traités, puisque ces actes stipulent qu'en cas de guerre un délai sera accordé aux nationaux des belligérants sur le territoire ennemi, avant de les forcer de quitter le territoire ennemi.

Expulsion des habitants des territoires occupés militairement. — Pendant l'occupation militaire, en cours des opérations, il n'est pas possible que l'occupant puisse expulser du territoire occupé, en masse ou même individuellement, les habitants, dans les conditions où le droit d'expulsion est assuré aux États sur leur territoire ; mais il pourra être pris toute mesure similaire que les nécessités de la guerre et le besoin de la défense personnelle de l'occupant pourront rendre nécessaires en cours de l'occupation et pendant sa durée seulement. Ces mesures, qui pourront parfois aller jusqu'à comporter l'éloignement temporaire de certaines personnes, ne pourront être accompagnées quant aux biens et aux familles mêmes d'actes de violence inutiles et injustes.

Entraves apportées à la sortie du territoire. — Vattel se demande si, en cas de guerre, au lieu d'expulser les étrangers ennemis, le souverain territorial ne pourrait pas les retenir sur ce territoire au moment de la déclaration, et il répond négativement, parce que, suivant lui, ils sont entrés confiants en la foi publique de la nation, et qu'en leur permettant d'entrer, on leur a garanti tacitement le droit de sortir en toute liberté et sûreté, s'il leur convenait de rentrer chez eux ; liv. iii, chap. iv, § 63 ; Bès de Berc, *De l'expulsion*, p. 19.

Les 12 et 18 août 1870, au Corps législatif, en France, un député déclarait que, empêcher un étranger avec le gouvernement duquel on était en guerre, de sortir du territoire, constituerait une violation du droit des gens. Je dois cependant indiquer que MM. Funck-Brentano et Sorel, *Précis du droit des gens*, p. 254 et 255, ne paraissent pas partager cet avis.

Abandon des territoires annexés par les habitants qui veulent garder leur ancienne nationalité. — Après la guerre, le traité qui y met fin attribue parfois à l'un des belligérants des portions de territoire qu'il ne possédait pas auparavant; dans ce cas, des habitants qui refusent la nationalité nouvelle que leur conférerait l'annexion, sont parfois obligés de quitter ce territoire. C'est là une expulsion en quelque sorte indirecte. M. de Bar considère l'exercice de ce droit comme légitime en tant que mesure de coercition et pour vaincre la résistance des habitants qui violeraient ainsi d'une manière flagrante l'instrument diplomatique. *Journal* de Clunet, 1886, p. 10. Le droit d'option, en pareil cas, n'est que la reconnaissance du principe de la liberté individuelle, il est vrai que, autrefois, l'option revêtait la forme de l'émigration; plus tard, elle se manifeste par une déclaration de volonté, mais suivie également de l'abandon du territoire. Traité de Campo-Formio 17 octobre 1797, art. 9; de Mulhouse, art. 3; de cession de la République de Genève, art. 2; traité de 1814, art. 17, et même du 24 mars 1860, dont la stipulation sur ce point serait restée lettre morte, d'après ce que l'on a écrit et ce que n'ont pas jugé le tribunal de Nice le 28 mars 1887, et la cour d'Aix le 2 mai 1888, affaire Méron; traité de Versailles du 10 mai 1871, modifié par la convention additionnelle de Francfort du 11 décembre; traité de cession de l'île de Saint-Barthélemy du 10 août 1877, art. 2.

M. R. Selosse, dans son *Traité de l'annexion*, p. 327, dit : « Il ne faudrait pas croire que l'option soit arrivée aujourd'hui à sa perfection. Aussi longtemps qu'on exigera comme condition de sa validité, l'émigration de l'optant hors du territoire cédé, on violera ce principe de la liberté individuelle, d'après lequel tout homme est libre de résider là où il veut, chez quelque nation que ce soit. L'option ne sera parfaite qu'à la condition de laisser aux habitants des pays annexés, qui répudient la nationalité nouvelle, la liberté d'y résider après l'annexion, sauf à les traiter comme étrangers.... » Il y a, en effet, dans ces procédés par lesquels on violente la volonté des individus pour les contraindre à accepter une nationalité qu'ils repoussent, un acte de pression qu'il est difficile de considérer comme légitime, en supposant qu'on le trouve excusable, et je ne sais pas même s'il n'est pas préférable pour un gouvernement d'accepter un individu à titre d'étranger sur son territoire, que de le subir comme national, alors qu'il lui a imposé cette nationalité.

Enfin lorsque, conformément aux traités, l'option pour l'ancienne nationalité n'est possible qu'à condition de quitter le territoire; si l'émigré, plusieurs années après, y rentre, pourra-t-on l'expulser s'il refuse de se faire naturaliser, ou devra-t-il être considéré comme étranger, soumis, en cette qualité, à être expulsé, seulement dans les cas où cette mesure peut être prise par application des règles communes à tous les étrangers ? Les auteurs semblent préférer cette dernière solution ; Bès de Berc, p. 28 ; Hœnel, *Journal de Clunet*, 1884, p. 481. Mais dans la pratique les gouvernements pratiquent la première : rescrit du feld maréchal Manteuffel, Statthalter, d'Alsace-Lorraine, 28 août 1884 ; voy. Cogordan, *La nationalité*, p. 349.

Conduite des neutres. — Les États neutres ne peuvent conserver cette situation, dans une guerre, qu'à la condition de ne rien faire qui puisse être considéré comme y portant atteinte, en facilitant les opérations de l'un des belligérants, ou en s'immisçant pour les contrarier et les rendre impuissants dans les efforts de l'autre. Ils ne sauraient donc pratiquer l'expulsion d'une manière abusive et dans le but seul d'être utiles à l'un des belligérants ou nuisibles à l'autre.

Si un gouvernement est autorisé, par des motifs d'ordre public et spécialement de défense, à rappeler ceux de ses ressortissants qui sont à l'étranger, l'État sur le territoire duquel ils se trouvent n'est pas tenu de faciliter l'exécution de cet ordre, par exemple, en forçant ces étrangers de sortir de son territoire par mesure d'expulsion ; Bluntschli, trad. de Lardy, art. 378 ; F. de Martens, trad. de Léo, *Traité de droit intern.*, t. 1, § 80 bis, n° 3, p. 443.

Je m'expliquerai plus loin sur la conduite à tenir par les neutres vis-à-vis des troupes des belligérants entrant sur leur territoire.

Situation en temps de paix des pays neutralisés par les traités. — Lorsque je parle des neutres et de neutralité et de leurs droits et devoirs, j'entends parler de la situation faite à des nations qui, alors que l'état de guerre est proclamé entre des peuples, ne sont pas comprises dans les pays hostiles et restent en dehors des belligérants. Car si la paix n'est rompue entre aucune nation, il n'y a que des nations amies, et puisqu'il n'y a pas de belligérants, il ne peut y avoir de non belligérants, ou soit des neutres. Bynkershock, les appelle *non hostes*. Il est vrai qu'il y a des pays dont la neutralité est garantie d'avance par les traités, et que l'on a considérés par suite comme perpétuellement neutres, tels que la Suisse, la Belgique, la Serbie et le Luxembourg ; mais si cette neutralité est garantie d'avance par les traités, elle ne sort à effet que lorsque la guerre existe entre pays voisins, et jusque-là il n'y a ni belligérants, ni neutres, puisqu'il n'y a que des nations également en paix. J'ai cru devoir appeler l'attention sur ces observations, parce que, en pleine paix, des États ont paru vouloir reprocher aux Puissances, dont la neutralité est garantie par les traités, d'avoir violé cette neutralité en admettant chez elles des réfugiés dont les actes, d'après eux, étaient de nature à être considérés comme hostiles et comme menaçant l'ordre établi, d'où ils concluaient que la nationalité ayant été violée, ils n'auraient point à la respecter plus tard en cas de guerre. Ce serait là se ménager, au moyen d'une équivoque, la possibilité, le cas échéant, de violer les traités et le respect dû aux conventions internationales, que rien ne justifierait, et qui devrait amener les protestations de tous les États signataires de ces traités, et à défaut du contrevenant d'y déférer volontairement, provoquer justement une action commune pour l'y contraindre.

XIII

Désignation des autorités chargées de prononcer l'expulsion ; formalités à remplir. — Ce n'est point là matière à régler dans le droit international, mais dans le droit interne, d'après la constitution de chaque pays et les modes de réglementation en vigueur. Rolin Jacquemyns, Rapport, *Revue*, 1888, p. 499.

En Belgique, l'expulsion à raison d'un fait compromettant la tranquillité publique est prononcée par arrêté royal délibéré en Conseil des ministres. L. 6 février 1885, art. 1.

Dans le grand duché de Luxembourg, l'expulsion est prononcée après délibération du gouvernement en conseil, par arrêté du directeur général de la justice. L. 26 novembre 1880, art. 3.

En France, le Ministre de l'intérieur peut enjoindre à tout étranger voyageant ou résidant, de sortir du territoire et le faire conduire à la frontière. L. 3 décembre 1849, art. 7, § 1. Dans les départements frontières, le Préfet a le même droit à l'égard de l'étranger non résidant, à charge d'en référer immédiatement au Ministre. Même loi, art. 7, § 3. En Algérie, ce droit appartient au Gouverneur. Arrêté minist. 1er septembre 1834. Dans les colonies françaises, il appartient au Directeur, Gouverneur ou Commandant. L. 29 mai 1874.

Garanties. — Les garanties doivent être plus nombreuses et de natures diverses, suivant qu'il s'agit d'expulsions individuelles, ou collectives, ou en masse. Elles doivent varier d'après la situation des expulsés; par exemple, suivant qu'ils sont accidentellement sur le territoire, ou qu'ils y sont établis depuis un temps plus ou moins long, qu'ils y possèdent des biens immobiliers et des intérêts sérieux, qu'ils sont admis par mesure administrative au domicile. Propositions votées par l'Institut à Lausanne, art. 5. Bluntschli, n° 383. Certaines législations vont jusqu'à refuser le droit d'expulser l'étranger qui a acquis avec le temps un domicile fixe sur le territoire.

Bien des auteurs se plaignent de ce que l'exercice de ce droit n'est généralement pas accompagné de garanties suffisantes pour prévenir les abus. P. Fiore, *Droit pén. intern.*, n° 99 ter. Mais c'est là un reproche applicable à toute mesure dépendant de l'exercice du pouvoir de haute police réservé au gouvernement, et qui, engageant la responsabilité de l'autorité à laquelle il est confié et important à l'ordre et à la sûreté de l'État, implique l'attribution d'une certaine liberté d'appréciation chez celui auquel il est confié.

J'avais songé à écrire dans le projet qu'il serait désirable que chaque État fit connaître aux étrangers les conditions auxquelles ils sont admis à résider sur un territoire, en leur assurant une sécurité parfaite tant qu'ils s'y conformeront. Cela parait, en effet, conforme à la foi publique. Mais en y réfléchissant, on est bien amené à reconnaître que ce vœu platonique est inutile. Les conditions auxquelles les étrangers sont admis sur un territoire sont généralement connues, elles résultent principalement de l'obligation pour tous de respecter les lois de police et de sûreté en vigueur sur ce territoire. Si des lois exceptionnelles existent en dehors de ces prescriptions générales, elles n'existent, précisément à raison de leur caractère, que à condition d'être nettement et formellement décrétées et publiées. D'un autre côté, un règlement spécial ne pouvant pas prévoir tous les cas, lorsque l'expulsion serait exécutée sans s'y conformer absolument, l'État paraîtrait violer ses engagements vis-à-vis des étrangers, et s'il restait inactif dans un péril sérieux, il manquerait à ses devoirs vis-à-vis de ses sujets, en voulant trop rigoureusement tenir ses promesses à l'égard des étrangers.

Voici comment M. R. Millet, *Bull. légis. comp.*, 1881, p. 593, classe les États suivant les garanties que leur loi nationale assure aux expulsés.

§ 1er. PROCÉDURE.

Nécessité de délibération du Conseil des ministres. — Belgique, Suisse, Luxembourg, Roumanie.

Distinctions entre la résidence et la non résidence pour la procédure préalable et la compétence. — Belgique, Pays-Bas, Danemark,
Roumanie.

Faculté d'appel si la mesure émane d'une autorité secondaire. —
Autriche.

Sursis à l'étranger objet de poursuites militaires ou politiques
chez lui. — Italie.

§ 2. Etrangers auxquels l'expulsion administrative n'est pas applicable

S'ils ont acquis l'indigénat. — Danemark.

S'ils ont acquis un domicile légal. — Danemark, Autriche, Belgique, Pays-Bas.

S'ils sont mariés à une femme du pays et en ont eu des enfants.
— Belgique, Pays-Bas.

S'ils sont en mesure d'opter pour la nationalité indiquée. — Belgique, Luxembourg.

Recours contre l'acte d'expulsion. — Un recours direct
contre l'acte d'expulsion, ne peut être ouvert devant les tribunaux,
du moins par action directe, à raison de la nature de cet acte.
Bluntschli, art. 381 notes ; Goddyn et Mahiels, *Droit crim. belge*,
p. 90 et suiv.; Garnot, *Condit. de l'étr.*, p. 71 ; Bès de Bère, *De
l'expulsion*, p. 65 ; loi du Luxembourg du 26 novembre 1880,
art. 3 ; loi belge, cour de Bruxelles, 26 avril 1831, *Pas.* 31,
p. 102 ; 11 août 1815, *Pas.* 45, 285 ; 31 mars 1831, *Pas.* 51,
p. 325. Cependant le défaut d'accomplissement des formalités prescrites peut donner lieu, dans ce pays, à l'action en dommages-inté-
rêts. C. cass. belge, 13 janvier 1848, *Pas.* 1848, p. 253 ; Conseil
d'Etat de France, 8 août 1888. Voyez toutefois pour la France,
Conseil d'Etat, 14 mars 1884, et Cour de cassation, 3 août 1874 et
2 février 1876, et dans un sens contraire, loi des Pays-Bas du
13 août 1849, art. 29, et P. Fiore, *Droit intern.*, t. 1, n° 699,
p. 611.

Dans tous les cas, la légalité de la mesure pourra être portée indirectement devant les tribunaux, lorsque celui qui en est l'objet, au lieu de s'y soumettre, reviendra sur le territoire d'où il a été expulsé et poursuivi pour contravention à cet arrêté, en contestera la légalité, non au point de vue de l'acte lui-même, ne manquons pas de le faire remarquer, mais en se prévalant, par exemple, d'une qualité qui n'aurait pas permis de lui appliquer la mesure. Ainsi, si la personne expulsée comme étrangère prétend être citoyen du pays d'où elle a été expulsée. En pareil cas, les tribunaux sont appelés à apprécier cette exception, qui, si elle est justifiée, fait disparaître l'expulsion. Jurisp. française, cour de Paris, 11 juin 1883, Sirey, 83, 2, 177 ; C. de cass. 7 décembre 1883, Sirey, 85, 1, 89 ; Dalloz, 84, 1, 209 ; cour de Paris, 6 février 1884 ; de Rouen, 22 février 1884.

Mesures blessantes et d'une rigueur inutile. — Doivent être évitées. Rolin Jacquemyns, Rapport, *Revue*, 1888, p. 499. En effet, lorsqu'une mesure de cette nature atteint un étranger, si sa qualité ne peut être dissimulée, il n'est nullement nécessaire, et il pourrait être dangereux, qu'elle fût accompagnée de procédés blessants pour sa nationalité, modifiant le caractère de l'acte destiné à atteindre un individu et non la nation à laquelle il appartient.

D'un autre côté, s'il est parfois nécessaire d'employer des procédés violents et de vaincre la résistance par la force, l'initiative ne doit pas en être prise inutilement.

Durée de l'expulsion. — L'effet et la force de l'arrêté d'expulsion subsiste tant qu'il n'est pas rapporté ; mais celui dont il émane a toujours le droit de l'annuler. D'un autre côté, lorsqu'il est motivé sur une cause déterminée, ou que la durée en a été déterminée d'avance, *cessante causa cessat effectus* ; et si la durée est déterminée, à l'expiration de ce délai, l'application cesse s'il n'y a pas eu prorogation.

Abandon du droit d'expulsion. — Si un Etat ne peut se dépouiller, par stipulation, avec un Etat voisin, de son droit d'expulser les étrangers, dans tous les cas, parce qu'il abandonnerait ainsi un droit de souveraineté inaliénable d'après le droit public; il ne peut pas davantage renoncer à ce droit par voie de législation intérieure, en le déléguant à des corps constitués fonctionnant d'une manière indépendante. S'il le peut au point de vue de ses devoirs nationaux, il ne le peut vis-à-vis des autres gouvernements dans le concert desquels il est placé, parce que, par voie de législation intérieure, les Etats ne peuvent s'affranchir de leurs obligations réciproques, à moins de vivre dans un isolement impossible et d'être l'objet de mesures de rétorsion et de représailles se reproduisant au grand détriment même de la paix intérieure. Dans certaines matières administratives de leur nature, pour prévenir des réclamations et des conflits extérieurs, les gouvernements ont parfois investi des corps de justice de compétences irrégulièrement étendues; c'est une arme dans certains cas trop puissante, qui, agissant dans son indépendance absolue, peut ne pas permettre d'accueillir les réclamations parfois les plus justes, et qui, au lieu d'empêcher les conflits de naître, ne fait que les accentuer davantage et les rendre plus persistants et plus dangereux.

D'ailleurs, en demandant, au point de vue international, aux gouvernements de conserver une large part d'action en ces matières, on ne fait que leur demander de conserver une action qui doit leur être réservée, de l'avis de tout le monde. Cela a été reconnu par la Chambre belge dans la session de 1864 - 1865. Rolin Jacquemyns, *Revue*, 1888, p. 499; Garnot, *Condition de l'étr.*, p. 74; Durand, *Essai de droit intern.*, n° 211; jurisprudence française, C. de cass., 9 septembre 1826, 6 décembre 1832, 15 juin 1837; cour de Paris, 1er mai 1874, et circulaire administ. de la Justice, 25 juin 1827; Pradier-Fodéré, *Droit intern.*, t. III, n° 1857, p. 1079, et 1858, p. 1080; Fœlix Edit. Demangeat, t. II, n° 615, p. 342; Bès de Bere, *De l'expulsion*, p. 65.

Refuge demandé par l'expulsé à son ambassade. —
L'étranger expulsé ne peut se soustraire à cette mesure en se réfu-
giant dans l'hôtel de l'ambassade de sa nation. Convention France
et Etats-Unis, 23 septembre 1853, art. 3 ; entre la Nouvelle-Gre-
nade et les Etats-Unis, 1850, art. 5 ; Merlin, *Répert.*, v° *Ministère
public* ; Laurent, *Droit civ. intern.*, t. iii, n° 67, p. 126 et suiv.;
Faustin-Hélie, *Instr. crim.*, t. ii, § 127 ; Fœlix, *Droit int. privé*,
édit. Demangeat, t. ii, n° 576, p. 293 ; Pradier-Fodéré, *Cours de
droit diplom.*, chap. xii, tit. 2, p. 70 et suiv., et *Traité de droit
intern.*, t. iii, p. 310, n° 1418 et suiv.; Heffter, §§ 42, 63 et 212 ;
Bynkershoek , *De for. leg.*, c. xxi ; de Martens, *Précis*, § 220 ;
Carnazza Amari, trad. Montanari-Revest, t. ii, p. 233 et suiv.;
Esperson, *Diritto diplom.*, n° 266 et suiv.; E. Brusa, notes sur
Casanova, t. ii, p. 26 ; F. de Martens, *Droit intern.*, trad. de Léo,
t. ii, p. 68 ; Lorimer, *Principes de droit int.*, trad. E. Nys,
p. 133 ; Calvo, 3° édit., t. i, n° 585, p. 595 ; J. Westlake, *Private
intern. law*, § 273, p. 291 ; toutefois voir Dudley-Field, trad.
A. Rolin, art. 143, et Klüber, *Droit des Gens*, trad. de Ott,
§ 39.

Sanction de l'expulsion. — Parmi les lois qui punissent
de peines spéciales l'expulsé qui est retrouvé sur le territoire, en
contravention à la mesure prise contre lui, citons : la loi belge du
6 février 1885, art. 7 ; la loi du Luxembourg, du 26 novembre
1880, art. 6 ; la loi française du 3 décembre 1849, art. 8 ; le Code
pénal hongrois, des contraventions, du 14 juin 1879, art. 70 ; la
loi espagnole de 1852, art. 16 ; la loi néerlandaise du 13 août
1847, art. 14 et 15.

On s'est plaint de ce que les peines prononcées pour cette contravention étaient en général trop douces, et partant sans résultat ; Bès
de Bere, p. 115 ; mais dans un grand nombre de cas, la violation
de l'arrêté ne constituera pas une faute bien grave, et il est impossible de ne pas permettre aux juges, au moins dans ce cas, d'user
d'indulgence. Si à tort ils généralisent trop cette indulgence, il est

cependant impossible d'élever le minimum de la peine dans des conditions telles qu'elle devienne le plus souvent excessive.

XIV

Nécessité d'une notification. — La nécessité d'une notification individuelle est posée dans l'article 6 des résolutions votées dans la session de Lausanne. On en trouve des applications dans la loi belge du 6 février 1885, art. 3, et luxembourgeoise du 26 novembre 1880, qui exigent qu'un délai de un jour franc, au moins, soit accordé à l'intéressé pour s'y soumettre.

La notification individuelle n'est généralement plus possible, lorsque ce sont des catégories d'étrangers nombreux qui font l'objet de cette mesure, qui, en pareil cas, devront être informés par l'emploi des moyens de publication régulièrement admis dans le pays.

Exécution volontaire de l'expulsion. — Lorsque l'injonction officielle, ou même simplement officieuse, de sortir du pays dans un délai déterminé, sera suffisante, on devra y recourir. La contrainte ne devra être employée que lorsque cette injonction ne sera pas obéie, ou dans les circonstances où il est nécessaire d'y recourir, soit directement, soit après avis officieux. Rolin Jacquemyns, Rapport, *Revue*, 1888, p. 501.

Expulsion sans délai. — Dans certaines circonstances graves et exceptionnelles, il peut être, en effet, nécessaire de procéder à l'expulsion sans délai ; il est impossible, en pareil cas, de ne pas permettre à l'autorité territoriale d'agir avec célérité, en se conformant aux lois du pays. Mais lorsque cette mesure d'urgence est considérée, par celui qui agit, comme justifiée par les circonstances, il paraît nécessaire qu'il l'indique dans l'acte qui prescrit d'agir avec cette précipitation.

XV

Choix par l'expulsé du lieu où s'effectuera sa sortie du territoire. — D'après certaines lois, l'étranger expulsé doit être mis en demeure de désigner le lieu de la frontière qu'il aura choisi pour quitter le territoire. Loi belge du 6 février 1885, art. 5 ; loi du grand duché du Luxembourg, du 26 novembre 1880, art. 1.

Renvoi des vagabonds. — Le renvoi des vagabonds et condamnés dans leur pays d'origine, a donné souvent lieu à des réclamations faciles à comprendre, car, pour la plupart de ces individus, il est parfois bien difficile d'établir à quelle nationalité ils appartiennent, et il est naturel que l'Etat voisin sur lequel on refoule un vagabond, qu'il ne reconnaît pas pour un de ses ressortissants, fasse des difficultés pour le recevoir.

Pour prévenir ces difficultés, il a été établi d'assez rares conventions, réglant le mode de procéder entre certains pays ; on peut consulter à ce sujet la convention entre la France et la Bavière du 30 mai 1868, par laquelle les contractants s'engagent, avant de procéder à l'expulsion, de constater la nationalité de l'expulsé, contradictoirement entre les représentants des deux gouvernements, et à reprendre tout individu expulsé qui aura été considéré à tort comme sujet du pays auquel il a été rendu, aussitôt que l'erreur aura été reconnue.

La Suisse, et l'Italie notamment, ont élevé des plaintes à plusieurs reprises à raison d'expulsés du territoire français conduits à leurs frontières, sans appartenir à leurs nationalités. On retrouve les traces de leurs réclamations dans les circulaires émanées des départements ministériels français, aux dates des 1er avril 1852, 19 mars 1859, 30 août 1882, et notamment 17 décembre 1885. Il doit être fait droit à ces réclamations toutes les fois que l'expulsion ne porte pas sur un réfugié politique, ou un déserteur.

De son côté, le Conseil fédéral suisse a également recommandé de s'assurer de la nationalité de l'expulsé pour le renvoyer, lorsque rien ne s'y oppose, dans son pays. Pictet, *Établiss. Franco-Suisse*, p. 61.

Conditions du transfert. — Des traités ont réglé comment devait être assuré le transport de l'expulsé jusqu'à la frontière limitrophe avec le pays auquel il appartient : conv. cons. Franco-Espagnole du 7 janvier 1862, art. 3.

Lorsque l'expulsé n'appartient pas à un État limitrophe, l'expulsion se fait parfois au moyen d'un embarquement, ou en conduisant l'expulsé à la frontière de l'État le plus rapproché de son pays d'origine, pour que le rapatriement ait lieu par l'intermédiaire de cet État. De Martens cite une convention conclue à cet effet entre la Russie et la Prusse. A défaut d'accord, je reconnais que, dans la pratique, il peut se présenter à ce sujet des difficultés sérieuses.

Obligation pour chaque État de recevoir ses ressortissants expulsés. — Chaque État est obligé de recevoir ceux de ses ressortissants qui, expulsés d'un territoire étranger, sont renvoyés dans leur pays. Bluntschli, art. 368 ; Pictet, *Établissem. Franco-Suisse*, p. 62 et suiv.; conv. cons. entre la Serbie et l'Italie, art. 3 ; traités Franco-Suisses des 30 juin 1864 et 23 février 1882, art. 5 ; traité entre les États-Unis et la Suisse du 25 novembre 1850.

Dans certains actes, on a toutefois admis que l'obligation pour un pays de recevoir l'expulsé peut cesser, si celui-ci s'est comporté de manière à pouvoir être considéré comme ayant perdu son ancienne nationalité. Toutefois, pour cette appréciation, les circonstances à prendre en considération sont très variables. Conv. entre la Suède et la Norvège et la Russie, du 15-27 décembre 1860. C. Naumann, *Revue de droit intern.*, 1870, p. 181.

Réfugié politique. — Contraindre un réfugié politique à

rentrer dans son pays, ce serait opérer une véritable extradition, contrairement aux principes admis en pareille matière. De Vigne, *Revue de droit intern.*, 1870, p. 193 et suiv ; L. Renault, *Des crimes politiques en matière d'extradition*, *Journal* de Clunet 1880, p. 55 et suiv.; Bès de Bere, *De l'expulsion*, p. 5 ; circ. min. int. de France du 22 janvier 1852.

On applique la même règle aujourd'hui aux déserteurs, Bès de Bere, p. 81, sauf à procéder par voie d'extradition en exécution de traités, lorsqu'ils l'ont ainsi réglé.

Extradition par voie d'expulsion. — Lorsque des traités d'extradition existent entre des Etats, ils doivent être loyalement exécutés, et on doit se conformer aux prescriptions qu'ils contiennent ; on ne saurait dès lors considérer comme une pratique régulière, le fait d'arrêter sur un territoire étranger, un individu signalé comme malfaiteur par les autorités de l'Etat voisin, en motivant cette arrestation sur un défaut de justification d'identité et autre cause aussi vague, et de le faire conduire par la force armée à la frontière, où les agents du pays voisin, préalablement avertis, s'emparent de sa personne dès qu'il a cessé d'être sous la garde de ceux qui l'ont amené jusqu'à ce point de la frontière. Cela a été reconnu en principe par la Cour de cassation de France, 3 mai 1860 ; Dalloz, 60, 1, 375, dans une affaire où la Cour a déclaré qu'un pareil reproche, juste en lui-même, manquait d'aliment en fait. Des actes officiels prévoyant ce mode de procéder l'ont formellement condamné. Ord. 26 février 1822 pour le Hanovre, Ebhard, t. II, p. 702 ; circ. du ministre de justice du 26 juillet 1837 du grand duché de Hesse. Je dois reconnaître qu'il n'est pas sans exemple, à ma connaissance, qu'il ait été pratiqué ; mais je dois ajouter que, dans ces circonstance, en réalité, c'était plus une irrégularité de forme qu'une illégalité au fond.

XVI

Exclusion absolue des étrangers. — Passant de l'expulsion au refus d'admission des étrangers sur un territoire, j'emprunte à Bluntschli, traduction de Lardy, article 381, la règle que je propose de sanctionner. Il soutient avec raison que le droit international a le devoir de protéger les relations pacifiques des hommes entre eux et que ce droit ne tolère plus l'exclusion tentée à diverses époques de l'histoire par certains États relativement civilisés. Le principe admis par Bluntschli, et d'ailleurs accepté à peu d'exceptions près dans tous les pays, et par tous les auteurs. Rolin Jacquemyns, *Rapport*, *Revue*, 1888, p. 500 ; P. Fiore, *Droit int.*, trad. Antoine, t. I, n°° 701 à 704 ; A. Contostaulos, *De jure expell perege.* ; Garnot, *Condit. de l'étranger*, p. 52 ; Heffter, §§ 33, n°° 6 et 62 ; Pinheiro-Ferreira, sur de Martens, liv. III, chap. III, 524, notes ; Sandona, *Trattato di diritto intern. moderno*, p. 182 ; Calvo, 3°° édit. t. I, n° 384, p. 453 ; C. Naumann, *Revue de droit intern.*, 1870, p. 179 et suiv. On ne peut considérer comme applicables aujourd'hui les restrictions trop nombreuses et trop absolues apportées à cette règle par Vattel, liv. II, chap. VIII, §§ 94, 99 et suiv.

Interdiction exceptionnelle justifiée. — Le principe qu'on propose d'appliquer dans le second paragraphe du texte a été déjà admis dans les résolutions arrêtées à Lausanne, qui l'ont formulé d'une manière très générale, peut-être trop générale, comme suit : « Art. 1°°. En principe, tout État souverain peut régler l'admission et l'expulsion des étrangers de la manière qu'il juge convenable, mais il est conforme à la foi publique que les étrangers soient avisés au préalable des règles générales que l'État entend suivre dans l'exercice de ce droit. » J'ai déjà indiqué plus haut pourquoi je ne crois pas qu'il y ait lieu de maintenir cette dernière proposition.

Le droit d'interdire l'entrée du territoire dans un intérêt de
sûreté publique et privée a été reconnu par la plupart des auteurs :
Vattel, *Droit des gens*, liv. II, chap. VII, §§ 94 et 100 ; de Martens, *Droit des gens*, liv. III, chap. 3, § 84 ; Dudley-Field, trad.
A. Rolin, art. 208, 209 et notes ; A. Rivier, *Programme d'un
cours de droit des gens*, p. 70 ; Rolin Jacquemyns, Rapport,
Revue, 1888, p. 498. Il est de pratique constante, dans les États
de l'Europe, et l'Amérique du Nord en a fait dernièrement une
large application. L'émigration vers ce pays s'est d'ailleurs toujours produite avec une telle intensité, qu'il était impossible de ne
pas la réglementer. En 1867, le port de New-York seul recevait
242,751 émigrants, et les autres ports des États-Unis en recevaient
encore 96,896. Aussi, depuis la loi du 2 mars 1819, un grand
nombre d'actes sur la matière étaient intervenus dans ce pays,
avant les derniers auxquels je faisais allusion.

Emigration et immigration. — Lorsque les immigrations
peuvent présenter un danger pour l'État sur le territoire duquel se
portent les émigrants, il peut, disons, il doit, s'opposer à ce qu'elles
continuent à se produire ; et à ce point de vue on ne peut lui reprocher de faire surveiller par l'intermédiaire de ses agents, et notamment de ses agents consulaires, les émigrations qui s'organisent à
l'étranger, pour qu'il puisse prévenir à temps et empêcher celles
qui pourraient compromettre la sûreté publique et l'ordre intérieur.
P. Fiore, *Droit intern.*, t. I, n° 703 ; mais lorsqu'il est décidé à
refuser l'accès de son territoire à ces étrangers, il ne saurait négliger de dénoncer ses intentions. Et c'est à l'État d'où ressortissent
les émigrants, non seulement à donner la plus grande publicité à
ces avis, mais à employer au besoin des mesures coercitives pour
empêcher une émigration, qui ne pourrait aboutir. J'accepte bien
que, en règle générale, un État ne peut empêcher, d'une manière
absolue à ses sujets de sortir du territoire national, comme le pro-
fessent Grotius, Vattel, de Martens, Kluber, Heffter, P. Fiore,
Droit intern., t. I, n° 703 ; Bluntschli, art. 370 ; Pradier-Fodéré,

6

Droit intern., t. 1, n° 212 ; F. de Martens, *Droit intern.* t. II, p. 247 ; Calvo, 3° édit., t. II, n° 773, p. 31 ; Wharton, *Treatise on the conflict of law*, § 3, p. 3 ; Laurent, *Droit civ. intern.*, t. III, n° 136 et suiv., p. 212 et suiv.; Beach Lawrence, Commentaire, t. III, p. 236 et suiv., qui analyse les diverses lois intérieures sur l'expatriation. L'Angleterre n'a admis le principe que assez récemment, vers 1870. Mais quoiqu'il en soit, dans notre cas, ce n'est pas un droit, mais un devoir pour un gouvernement de s'opposer à une émigration pour un pays qui restera fermé aux émigrants. D'ailleurs si on admet d'une manière générale, comme je viens de le reconnaître, qu'un Etat ne peut empêcher les nationaux de sortir individuellement à leur gré du territoire, l'émigration peut être surveillée et réglementée par lui; les auteurs que nous venons de citer ne le contestent pas, et de nombreuses lois en ces matières sont en vigueur. Loi portugaise 16 juin 1876 et ord. 28 mars 1877; en Belgique, loi 11 décembre 1876; en France, D. 24 mars 1852, 27 mars 1852, 15 janvier 1855, 8 avril 1855, L. 18 juillet 1860, D. 9 et 15 mars 1861, Arrêtés des 20 mars et 20 mai 1861, D. 15 janvier 1868, 14 mars 1874 ; Etats-Unis, Acte 3 février 1882, L. 3 août 1882, 26 février 1885, 23 février 1887, Conv. entre la France et la Chine, 25 octobre 1860, art. 9 ; entre la France et l'Angleterre, 1er juillet 1861, 5 novembre 1872.

Qualité en suspens. — Dois-je faire remarquer qu'il peut parfois y avoir une distinction à faire entre la personne qui se présente sur un territoire et la qualité qu'elle prend, l'Etat pourra ne faire aucune difficulté pour recevoir la personne, en refusant de reconnaître la qualité qu'elle s'attribue, du moins tant que certaines formalités n'auront pas été remplies. On cite à ce sujet des étrangers qui se sont rendus sur un territoire en prenant la qualité d'ambassadeur ou de consul, avant d'avoir été agréés et accrédités, ou avant d'avoir reçu un exequatur. Mais, en pareil cas, le retard dans l'acceptation de la qualité n'entraîne pas nécessairement un refus d'admission pour la personne.

XVII

Réfugiés politiques. — J'ai déjà fourni des explications au sujet de l'expulsion des réfugiés politiques, elles sont applicables, la plupart, au refus d'admission sur le territoire.

On a soutenu que c'était sans pouvoir en justifier le fondement, qu'il avait été prétendu qu'un État serait tenu de recevoir chez lui les réfugiés politiques (Heffter, § 63), en ajoutant que la diète suisse, qui avait imposé aux cantons l'obligation de les recevoir, a dû y renoncer le 25 février 1831, après un essai de deux ans.

Il me paraît impossible de poser en principe et comme règle générale qu'un État doit refuser de recevoir les étrangers qui lui demandent abri et refuge, à la suite d'événements politiques ou religieux, d'abord parce qu'en principe les États sont ouverts aux étrangers, et en ce qui concerne spécialement les réfugiés de notre catégorie, les lois de l'humanité font un devoir de ne pas les repousser. Si l'État qui reçoit ces étrangers doit prendre toutes les mesures nécessaires pour que leur arrivée ne soit pas la cause et l'occasion de troubles, de dangers ou de désordres. S'il est permis, lorsque cela sera commandé par les circonstances, de ne leur accorder qu'un droit de séjour limité et temporaire, comment poser comme règle que l'État sur le territoire duquel ils ont cru trouver leur sûreté, pourra les refouler sur le territoire où, ayant déserté la lutte, mais vaincus, ils seront trop souvent victimes des passions et des vengeances et ne pourront avoir aucune espérance dans la justice des vainqueurs.

M. F. de Martens, dans son *Traité du droit international*, traduction de Léo, t. 1, p. 449, est d'avis que les réfugiés politiques ne doivent pas jouir d'une protection privilégiée par rapport aux autres étrangers. Il me paraît bien difficile de poser à l'avance des règles immuables à ce sujet, parce que, suivant les circonstances, la conduite à tenir vis-à-vis d'eux doit être essentiellement variable. Il y a, en pareil cas, tant d'influences de natures diverses qui peuvent justement influencer les déterminations à prendre, qu'il est impossible de les arrêter d'avance et en thèse.

Sur la conduite à tenir vis-à-vis des réfugiés et des États auxquels ils appartiennent, voir Heffter, § 63 A ; G. Kühne, dans le recueil l'*Europa*, 1853, n⁰ˢ 95 et 96 ; Clunet, *Journal*, 1888-1889, *passim* ; E. Roguin, *Droit d'asile en Suisse*, Clunet, *Journal*, 1881, p. 285 à 312 ; P. Fiore, *Droit pén. intern.*, n° 399, p. 90.

XVIII

Refus d'admission par mesure sanitaire. — Le refus d'admission sur un territoire de personnes arrivant de lieux infectés, me paraît un droit incontestable et qu'il était dès lors utile de reconnaître et de constater. Le plus souvent, des mesures de précaution et de surveillance suffiront, mais le refus absolu de laisser pénétrer ces individus momentanément sur le territoire peut être nécessaire, et pourquoi ne pourrait-il pas être imposé ? Il existe dans tous les États des lois ou règlements constitutifs du régime sanitaire. En France, le document le plus important sur la matière, est la loi du 3 mars 1822, suivie d'un grand nombre d'ordonnances ou décrets aux dates des 7 août 1822, 13 septembre 1839, 20 mai 1845, 18 avril 1847, 10 août 1849, 21 décembre 1850, 4 juin 1853, 7 septembre 1863, 23 juin 1866 et 22 février 1876 ; une convention internationale y avait été promulguée le 27 mai 1853. Dudley Field, dans les notes qui précèdent l'article 447 de son Code international, traduit par Alb. Rolin, signale un travail du Dʳ Milroy, dans les *Transactions of the British national association for the promotion of social science*, 1862, p. 872, comme présentant un résumé des lois et règlements des divers pays sur la matière. Le sixième volume du recueil de de Clercq contient diverses conventions ayant le même objet. Faut-il ajouter que je n'ai pas à discuter ici, si telle maladie, considérée comme contagieuse, l'est ou non, s'il y a ou non intérêt d'isoler certaines personnes frappées par des épidémies. La solution peut varier suivant les circonstances, mais le principe ne doit pas moins être admis comme certain, et, dans certains cas, des mesures d'isolement prises par l'administration, et dont l'effet réel pourrait rester douteux, n'en seraient pas moins justifiables si elles étaient nécessaires, pour prévenir des troubles et ne pas éteindre toute force morale.

XIX

Belligérants réfugiés sur un territoire neutre. — Le texte de ce projet d'article est emprunté au rapport présenté à l'Institut dans la session de Lausanne, par M. Rolin Jacquemyns, *Revue*, 1888, p. 501.

Cet asile peut être donné sans compromettre la neutralité; Bluntschli, art. 774.

Mais il doit être accordé, sans prendre une part directe ni indirecte aux hostilités. Rolin Jacquemyns, *loc. cit.*

« L'armée poursuivie par l'ennemi qui se réfugie sur le territoire de l'État neutre, écrit M. Ch. Vergé, en note de de Martens, liv. VII, § 311, doit être reçue et traitée avec humanité; mais comme en même temps elle est présumée renoncer à faire partie de la force armée de sa nation, les troupes qui la composent sont habituellement désarmées et internées, loin du théâtre de la guerre, de manière à concilier les devoirs de la neutralité avec la commisération due à des hommes malheureux. » C'est dans le même sens que se sont prononcés P. Fiore, *Droit intern.*, t. III, n° 1582; Rolin Jacquemyns, *Revue*, 1871, p. 352; F. de Martens, *Droit intern.*, trad. de Léo, t. III, p. 334; Brusa, dans ses notes sur le droit international de Casanova, t. II, p. 338; Funck Brentano et Sorel, *Précis du droit des Gens*, p. 363; Sandona, *Trattato di diritto intern. moderno*, p. 415; Calvo, 3e édit., t. III, n° 2333, p. 167

et suiv., Guelle, *Précis des lois de la guerre*, t. ii, p. 271 ; Bury, *De la neutralité de la Suisse*, *Revue de droit intern.*, 1870, p. 636 et suiv.; Bluntschli, art. 774, 775, 776 ; Heffter, §§ 147 ; 149 ; Hautefeuille, t. i, p. 347 ; Woolsey, § 166, etc.

Les armes, équipements et munitions ainsi déposés, sont restitués à la fin de la guerre. Parfois l'État neutre ne fait cette restitution qu'après avoir été remboursé des dépenses occasionnées par le séjour des troupes sur son territoire. On a soutenu que c'était à l'État hostile aux troupes réfugiées à supporter les dépenses de leur entretien sur le territoire neutre, où elles se trouvaient dans les conditions de prisonniers de guerre, puisqu'elles sont réduites à l'impuissance d'agir et privées de leur liberté. Cette assimilation est loin d'être exacte (Bluntschli, art. 776, notes), et les conséquences qu'on a voulu en tirer ne sont pas généralement acceptées par les auteurs, elles sont dans tous les cas repoussées dans la pratique.

Pendant la guerre entre la France et la Prusse, en 1870, les instructions données par le gouvernement belge aux autorités de la frontière, leur prescrivaient de ne laisser entrer, sur le territoire, les militaires étrangers, qu'à la condition, s'ils étaient officiers, de s'engager à ne pas quitter la Belgique, et s'ils étaient simples soldats, d'être internés. La règle à suivre était la même, que les militaires fussent ou non blessés. *Annales parlem. belges*, p. 273.

Lorsqu'une division de l'armée française passa en Suisse, un arrangement signé le 1er février 1871, entre le général français, Clinchant, et le général suisse, Herzog, fixa le régime à suivre.

Passage de troupes sur le territoire neutre. — Le territoire neutre doit être à l'abri et en dehors de toutes les entreprises des belligérants ; l'État neutre ne peut permettre à l'un d'eux de se servir de ce territoire inviolable, pour favoriser les opérations militaires, sans s'exposer à de justes réclamations et à des conséquences plus graves encore. Ouvrir son territoire à la libre circulation des troupes ennemies, doit dès lors être prohibé et ne peut être considéré que comme un abandon de neutralité. Calvo,

t. III; n° 2315, critique vivement Grotius, Wolff, Bello et les autres auteurs qui sont d'un avis contraire, et après avoir défendu à deux reprises son opinion, t. I, liv. VIII, § 624, et t. III, 3ᵉ partie, liv. III, § 2315, il s'appuie sur l'avis de Heffter, Hautefeuille, Manning et autres auteurs modernes, parmi lesquels je cite encore Bluntschli, art. 769, 770. Funck-Brentano et A. Sorel, *Précis du droit des gens*, p. 365 ; F. de Martens, *Traité de droit intern.*, trad. A. Léo, t. III, p. 332 ; voy. sur la question A. de Bulmerincq, rapport sur le concours ouvert par la fondation Bluntschli, sur la question du passage des troupes ou du matériel de guerre des belligérants sur territoire neutre en temps de guerre, *Revue de droit intern.*, 1889, p. 117 et suiv.

XX

Conditions exceptionnelles apportées à l'admission. — Sur la légitimité de conditions exceptionnelles suivant les cas : Rolin Jacquemyns, Rapport, *Revue*, 188, p. 502.

Internement et désignation de résidence. — C'est surtout pour les matières politiques que de pareilles mesures peuvent être commandées. Un État, lorsqu'il reçoit des réfugiés politiques qui franchissent la frontière à la suite d'événements présentant ce caractère, a un double devoir à remplir, satisfaire à ce que commande l'humanité, et à ce que commandent les bons rapports de voisinage. Pour satisfaire à cette double obligation, en recevant sur son territoire ces réfugiés, il doit prendre les mesures nécessaires pour que leur séjour ne constitue pas une cause de trouble et de menace pour son voisin ; et c'est dans ces circonstances qu'on a eu recours à l'internement, ou à la prohibition de séjour dans certaines zones. C'est ce qui a eu lieu bien souvent en France, comme le constatent les lois ou décrets des 6 et 8 avril 1793, 19 septembre 1791, 11 juillet 1793, 21 avril 1832, 1ᵉʳ mai 1834, 21 juillet

1839; règlement 30 mai 1818; et pour la Suisse, de Vigne, *Revue de droit intern.*, 1870, p. 197. En Espagne, loi de 1852, art. 14 et 15, ord. 1858, art. 4. Dans les Pays-Bas, l. 13 août 1817, art. 13. P. Fiore, *Droit pénal intern.*, n° 399, p. 590. Des subsides ont été bien souvent votés, en France, en faveur de certaines catégories de réfugiés; ainsi, en 1836, à la suite d'internements prononcés, on avait appliqué à les secourir, depuis quelques années, un total de 20 millions.

XXI

Relations entre États, alors que l'un d'eux ne jouit pas de la souveraineté. J'ai cru devoir reproduire encore ici la condition de souveraineté des États qui traitent; car si l'un d'eux est dans une situation de dépendance vis à-vis de l'autre, l'arrangement qui interviendrait entre eux aurait le caractère de règlement interne plutôt qu'international, et l'État dominant assumerait vis-à-vis des autres la responsabilité des mesures qui pourraient être combinées, si elles n'étaient point justifiées au point de vue des principes du droit public international.

Règlement par traités. — Les traités peuvent régler entre pays les conditions dans lesquelles sera réciproquement prononcée et exécutée l'expulsion. Rolin Jacquemyns, *Revue*, 1888, p. 302; Dudley-Field, *Code intern.*, trad. A. Rolin, § 321. Toutefois M. Garnot, *Condition de l'étr.*, p. 55, considère qu'il est fâcheux de se lier par des traités en ces matières. Et en effet, il en a été très rarement conclu sur ce sujet spécial : on cite toutefois la convention signée, pour cet objet, le 30 mai 1868, entre la France et la Bavière, et quelques stipulations insérées dans le traité entre la France, d'un côté, avec la Bolivie, de l'autre, le 9 décembre 1834; avec l'Équateur, 6 juin 1843; le Guatemala, le 8 mars 1848; Costa Rica par accession au précédent, 12 mars 1848; Honduras,

22 février 1876 ; Salvador, 2 janvier 1858 ; Pérou, 9 mars 1861.

Des auteurs ont prétendu que les stipulations des traités que je viens de citer, sont applicables à tous pays signataires de traités portant la clause d'application du traitement de la nation la plus favorisée, et notamment à la France et l'Allemagne, par suite du traité du 10 mai 1871, et à la France et l'Angleterre, traité du 28 février 1882. Je ne pense pas qu'on puisse donner une telle extension à cette clause, de manière à l'appliquer à une matière complètement étrangère aux objets qui ont été l'aliment spécial des traités auxquels on fait allusion.

Portée des traités d'établissement. — On a surtout voulu faire résulter implicitement l'abandon du droit d'expulsion, des dispositions de certains traités affirmant la liberté entière de séjour et de libre parcours. On a essayé notamment d'en faire une conséquence forcée des traités d'établissement avec la Suisse ; mais l'Allemagne n'a jamais voulu accepter cette interprétation, lorsqu'on a voulu la faire prévaloir à l'égard des suisses qu'elle avait expulsés de l'Alsace-Lorraine ; rapport de gestion au Conseil fédéral suisse de 1887. C'est d'ailleurs dans le même sens que les tribunaux suisses ont entendu le traité d'établissement Franco-Suisse, en 1882 ; Clunet, *Journal*, p. 537, et le 24 juillet 1883, le traité entre la Suisse et l'Angleterre du 5 septembre 1855. C'est l'interprétation donnée par l'Autriche à son traité d'établissement avec la Suisse, du 7 décembre 1875 ; Vincent, *Dict. de droit intern.*, suppl., 1888, v° *Expulsion*. Voy. surtout Piclet, *Etude sur le traité d'établissement entre la Suisse et la France*, p. 34 et suiv., 52 et suiv. Cet avis est encore adopté par MM. Pradier-Fodéré, *Droit intern.*, t. III, n° 1857, p. 1079 ; M. Bès de Berc, *De l'expulsion*, p. 91 ; Durand, *Essai de droit int. privé*, p. 517.

Renonciation au droit d'expulsion. — J'ai déjà expliqué ailleurs pourquoi un État ne peut renoncer d'une manière absolue au droit d'expulsion à l'égard des étrangers qui se trouvent sur son territoire. C'est un attribut de sa souveraineté dont il ne peut se dépouiller, et d'un autre côté il ne peut se soustraire aux devoirs que lui impose, vis-à-vis des autres Etats, l'attribution de ce droit. Voyez d'ailleurs le premier des considérants des déclarations sur l'expulsion, adoptées par l'Institut dans sa session de Lausanne, que je ne fais que traduire ici. Consulter également Hœnel, dans le *Journal* de Clunet, 1881, p. 182.

XXII

Situation d'un citoyen vis-à-vis de sa nation, lors-qu'il se trouve à l'étranger. — En tête des observations que j'ai à présenter à l'appui de cet article, qu'on me permette de faire remarquer, que tout individu, qu'on l'appelle sujet ou citoyen, a des droits à exercer et des devoirs à remplir résultant de sa qualité de membre de sa nation, et que de ce qu'il se trouve sur un terri-toire étranger, les liens qui l'unissent à ses concitoyens ne sont nullement rompus. Par suite, il pourra réclamer l'appui de son gouvernement, toutes les fois que cet appui sera nécessaire, pour faire reconnaître ses droits et obtenir la réparation des torts qu'il aura éprouvés, et dont cette réparation lui serait indûment refu-sée. Mais, d'autre part, il ne sera pas relevé de ses devoirs vis-à-vis de l'Etat auquel il ressortit, et je ne verrais pas pourquoi celui-ci ne pourrait pas agir auprès du gouvernement territorial où se trouve le national pour réclamer, autant que possible, l'observation de ces devoirs s'ils étaient gravement méconnus, grâce à l'abri assuré sur le territoire étranger.

Communication des motifs de l'expulsion au gouver-nement de l'expulsé. — Il a été parfois soutenu que l'expul-sion ne pouvait être mise à exécution que lorsque les motifs sur lesquels elle est basée, et les documents à l'appui, auraient été préalablement communiqués aux agents diplomatiques ou consulaires du pays auquel appartient l'expulsé ; et de plus, qu'il devait être accordé un délai moral pour que le gouvernement averti pût prendre la défense de son national. La nature de ce droit et la plupart des circonstances dans lesquelles il y aura lieu d'en faire usage, se prêtent mal à l'admission d'une pareille manière de procéder. Mais ce que l'on admet généralement, c'est que le gouvernement de l'expulsé est toujours admis, s'il le juge convenable, à demander à connaître les causes de l'expulsion et à intervenir en faveur de son ressortissant. Rolin Jacquemyns, *Revue*, 1888, p. 501 ; Fiore, *Droit pén. intern.*, t. 1, n° 87 ; Dudley-Field, *Code intern.*, trad. A. Rolin, § 321 ; Pradier-Fodéré, *Droit intern.*, t. III, n° 1857, p. 1082 ; Hænel, *Journal* de Clunet, 1881, p. 481. Ce droit est reconnu dans la plupart des traités entre la France et les États d'Amérique précédemment cités. Il en résulte nécessairement que cette communication, le cas échéant, peut être suivie d'observations, qui pourront aller jusqu'à solliciter le retrait de la mesure, s'il vient à être reconnu qu'elle n'était pas juste ou nécessaire.

Indemnités à des expulsés. — Dans bien des circonstances, l'Angleterre notamment, a réclamé et obtenu des indemnités en faveur de ses nationaux, à raison d'expulsions prononcées contre eux. La Russie, en juin 1889, a obtenu de la Roumanie des satisfactions de même nature, à raison de colporteurs dont l'expulsion avait été prononcée.

Communications à l'occasion de l'expulsion de réfugiés politiques. — M. Garnot, *Condition de l'étranger*, p. 73, « ne pense pas que l'expulsion d'un réfugié politique puisse être « réclamée par une puissance étrangère. Est-il plausible que des « complications vraiment graves surgissent de la présence d'un « étranger sur le sol français ? Que le gouvernement français don- « nant satisfaction à une puissance étrangère, écarte d'une fron-

« tière, par exemple, un étranger, lui assigne une résidence même
« si ses agissements sont manifestes ; c'est là son devoir. Devra-t-il
« aller jusqu'à l'expulsion ? Nous ne le pensons pas. C'est une
« question de dignité nationale et de logique. La théorie des cri-
« mes et délits politiques est encore trop incertaine pour autoriser
« des mesures de rigueur. Devant l'attitude ferme d'un cabinet, un
« État cessera ses sollicitations, mais le gouvernement sera certai-
« nement plus fort encore s'il peut opposer une loi formelle. »

Je déclare que je suis sur tous ces points en contradiction complète avec tout ce qui vient d'être dit.

Est-il plausible que des complications vraiment graves surgissent de la présence d'un étranger sur le territoire d'une tierce
puissance ? On paraît en douter, cela s'est présenté et se présente si
souvent, que ce doute est impossible. D'ailleurs, pourquoi restreindre la difficulté à la présence d'un étranger. Pourquoi pas deux,
trois et un bien plus grand nombre ?

En pareil cas, on peut donner satisfaction en assignant à l'étranger un changement de résidence, mais non en prononçant une
expulsion.

Il est des cas, je le reconnais, où un changement de résidence
suffira, et dans ce cas, on pourra ne pas aller plus loin. Mais le
plus souvent, la demande que l'on reconnaît juste, puisqu'on veut
lui donner ainsi satisfaction, ne recevra aucune satisfaction d'un
changement de résidence. La France se plaint à la Belgique, que la
présence, et les menées et actes de X., français réfugié en Belgique,
sont une cause de troubles, de menaces pour sa sûreté, etc. Je suppose qu'on reconnaisse que cela est juste, peut-on dire qu'il sera
satisfait à la demande d'expulsion de Belgique, en donnant à ce
réfugié, pour résidence toute autre ville sur ce territoire. Ce sera la
Russie qui se plaindra des menées des nihilistes en Suisse, qu'importe que, au lieu de Berne, par exemple, où je suppose qu'ils se
trouvent, on leur assigne Genève, alors même que l'autorité canto-
nale de ce pays y consentira.

Mais, dit-on, c'est une question de dignité nationale et de logique. Si la dignité nationale consiste à résister aux demandes d'un autre gouvernement, elle ne sera pas plus sauve si on défère ostensiblement aux désirs de ce gouvernement d'une manière ou d'une autre.

C'est une question de logique. La logique veut que, si la demande doit être entendue et accueillie, cet accueil soit sérieux et suivi de mesures y donnant satisfaction effective.

La théorie des crimes et délits politiques est encore fort incertaine, c'est vrai, et lorsqu'il s'agira d'appliquer des peines pour ces délits, il y aura bien des difficultés dans la plupart des circonstances pour déterminer le véritable caractère des faits. Mais entendons-nous. Ce n'est point ici le cas. Il s'agit d'un gouvernement régulier, agréé comme tel par les autres États, qui se plaint de projets formés et en cours de préparation effective dans un autre pays par ses nationaux, contre sa sûreté et son existence, et qui demande à une Puissance amie de ne pas laisser ces projets se constituer en même temps à l'état de complots sur son territoire. Cela constitue-t-il un fait politique ou non ? Ce n'est point la question qui se pose, il s'agit de savoir si le fait, quel que soit son caractère, est exact, s'il constitue un danger sérieux, et si le réclamant a le droit de réclamer d'un État ami, qu'il ne tolère pas sur son territoire ces actes d'hostilité. C'est précisément pour notre cas que les auteurs admettent la légitimité de l'intervention diplomatique préalable à l'intervention ayant un caractère plus agressif. Pradier-Fodéré, *Droit intern.*, t. I, n° 401, p. 610.

Devant une attitude ferme d'un cabinet, ajoute-t-on, un État cessera ses sollicitations. Et si, au lieu de les cesser, il persiste avec plus d'insistance, voudrait-on bien me dire ce qu'il en résultera ?

Mais le gouvernement sera plus fort, s'il peut opposer une loi formelle. Si ce gouvernement a par lui-même une force personnelle pour résister, sa résistance en fait sera efficace ; mais cette force il la retrouvera en lui-même et non dans une loi que, pour parer à sa faiblesse, il aurait faite pour paraître se désintéreser suivant les éventualités. J'ai déjà répété que le droit d'expulsion est un droit de souveraineté dont un État ne peut se dépouiller. J'ajoute qu'en le paralysant par une loi intérieure, alors qu'il est d'intérêt international, un gouvernement se verrait placé au ban des nations par celles dont les intérêts respectables seraient méconnus ou compromis, sous un prétexte, ou une raison plus ou moins spécieuse.

Dans la session de l'Institut de droit international, le 18 septembre 1873, à Bruxelles, en répondant à l'adresse signée par M. le Président Mancini, et M. le Secrétaire Général Jacquemyns, par laquelle l'Institut, remerciait le gouvernement de son accueil sympathique, on disait au nom du Roi des Belges : « Sa Majesté applaudit aux efforts que vous ferez pour amener la concorde entre les hommes, efforts d'autant plus méritoires, d'après Elle, que l'histoire enseigne combien il est difficile d'y parvenir. » A notre avis, ce ne serait pas un moyen utile pour atteindre ce but que de refuser tout droit aux représentants des nations, de réclamer contre des procédés hostiles de la part de leurs ressortissants, se produisant sur un territoire tiers, le silence et l'inaction obligatoires, en permettant au danger de s'accroître impunément, on finirait par identifier cet État avec les étrangers auxquels il donne asile dans ces conditions, ce qui conduirait forcément à des rétorsions, des représailles et des hostilités. S'il est une règle respectable en droit public international et qu'il est du plus grand intérêt de prendre en considération, c'est la nécessité pour les États de communiquer ensemble pour le bien de leurs affaires, pour éviter de se nuire réciproquement, pour ajuster et terminer leurs différends. Vattel, *Droit des gens*, liv. IV, chap. v, § 55. Pradier-Fodéré, *Droit intern. public*, t. III, n° 1225. Ils ne peuvent être reçus à décréter leur impuissance.

En fait, les communications de cette nature se produisent journellement, et si elles n'ont pas toujours été accueillies, elles n'ont jamais été écartées par une fin de non recevoir. On a dit que le gouvernement anglais n'admettait pas l'immixtion d'un gouvernement étranger qui se plaint des actes attentatoires à sa sûreté préparés et combinés sur le territoire de la Grande-Bretagne. Beach Lawrence, *Com. sur Éléments de droit intern.*, t. IV,

p. 579 et suiv. Je n'oserais contredire un publiciste si compétent. Mais peut-être pourrait-on soutenir avec des précédents que, l'Angleterre, qui a voulu conserver une entière liberté pour agir suivant les occurences et n'être pas liée en principe, rejette comme elle admet cette immixtion suivant les circonstances; qu'elle ne néglige pas de s'en servir pour se plaindre lorsque les faits de cette nature se produisent à son encontre et qu'elle intervient très activement à l'occasion des expulsions dont ses nationaux sont l'objet. D'ailleurs, alors même qu'on pourrait exciper d'une exception en se prévalant de sa conduite, la règle admise par la pratique constante en Europe ne devrait pas moins être reconnue et respectée.

Je ne parle pas des démarches faites en ce moment par divers gouvernements vis-à-vis de la Suisse; mais je dois signaler l'exposé très intéressant, tracé par M. Roguin, des relations antérieures entre ce pays et les gouvernements de l'Europe, à l'occasion des actes de divers réfugiés sur le territoire helvétique. *Journal de Clunet*, 1881, p. 285 et suiv.

Forme en laquelle doivent être faites ces communications. — Les observations de cette nature doivent toujours être adressées en la forme habituellement suivie dans les relations d'État à État.

Une forme comminatoire peut parfois par elle seule, s'opposer à ce qu'il soit fait droit à une demande juste, une bonne cause perd toujours à être défendue avec un langage irritant.

De Martens, dans son manuel, parlant des négociations même simplement orales, dit : « le ton qu'un ministre négociateur adopte, contribue beaucoup à faciliter le succès d'une affaire ; car l'objection la plus irrécusable, si elle n'est point émise avec ménagement déplaira toujours, et l'on ne parviendra que difficilement alors à faire adopter son opinion, par ceux avec lesquels on est dans le cas de traiter. »

On a dit que lorsque l'Angleterre avait refusé d'écouter la France, lui demandant en 1857 son concours pour agir contre les réfugiés politiques sur le territoire de la Grande-Bretagne commettant des actes d'hostilité prévus par les lois contre le gouvernement Français de l'époque, que la raison décisive du rejet fut évidemment le sentiment que le gouvernement Français s'était servi d'un langage trop dictatorial pour demander l'accueil de sa demande. Voy. Dudley Field, trad. A Rolin, art. 207, notes.

III

ANNEXES

ANNEXES

—

Edit de France de juin 1778.

Art. 82. — Dans tous les cas qui intéresseront la politique ou la sûreté du commerce de nos sujets dans les pays étrangers, pourront nos consuls faire arrêter et renvoyer en France, par le premier navire de la Nation, tout Français, qui, par sa mauvaise conduite et ses intrigues, pourrait être nuisible au bien général. Dans ce cas nos consuls rendront un compte exact et circonstancié au secrétaire d'Etat ayant le département de la marine, des faits et des motifs qui les auront déterminés.

Loi Française du 28 vendémiaire an VI
(19 octobre 1797)

Art. 7. — Tous étrangers voyageant dans l'intérieur de la République ou y résidant, sans y avoir une mission des Puissances neutres et amies reconnues par le gouvernement Français, ou sans y avoir acquis le titre de citoyen, sont mis sous la surveillance spéciale du directoire exécutif, qui pourra leur retirer leurs passeports, leur enjoindre de sortir du territoire Français, s'il juge leur présence susceptible de troubler l'ordre et la tranquilité publique.

Code pénal Français de 1810.

Art. 8. — Les peines infamantes sont :

1° Le bannissement,

2° .... etc.

Art. 32. — Quiconque aura été condamné au bannissement, sera transporté par ordre du gouvernement, hors du territoire de la République.

La durée du bannissement, sera au moins de cinq années et de dix ans au plus.

Art. 33. — Si le banni avant l'expiration de sa peine rentre sur le territoire de la République, il sera, sur la seule preuve de son identité, condamné à la détention, pour un temps au moins égal à celui qui restait à courir jusqu'à l'expiration du bannissement, et qui ne pourra excéder le double de ce temps.

Art. 56. — Quiconque ayant été condamné à une peine afflictive ou infamante, aura commis un second crime emportant comme peine principale, la dégradation civique, sera condamné à la peine du bannissement.

Si le second crime emporte la peine du bannissement, il sera condamné à la peine de la détention,

Si le second crime emporte la peine de la réclusion...

Art. 67. — S'il (le mineur) est décidé qu'il a agi avec discernement, les peines seront prononcées ainsi qu'il suit :

....

Il a encouru la peine de la dégradation civique ou du bannissement, il sera condamné à être enfermé d'un an à cinq ans dans une maison de correction.

Art. 84. — Quiconque aura, par des actions hostiles, non approuvées par le gouvernement, exposé l'Etat à une déclaration de guerre, sera puni du bannissement, et si la guerre s'en est suivie de la déportation.

Art. 85. — Quiconque aura par des actes non approuvés par le gouvernement, exposé des Français à éprouver des représailles, sera puni du bannissement.

Art. 110. — (Bannissement prononcé pour entraves à l'exercice des droits civiques).

Art. 115. — (Excès de pouvoirs de fonctionnaires).

Art. 124. — (Coalition de fonctionnaires).

Art. 153. — (Délivrance de fausses feuilles de route).

Art. 202. — (Trouble à l'ordre public par un ministre du culte).

Art. 229. — (Contravention du condamné pour outrages à un magistrat à l'ordre qu'il a reçu de s'éloigner du domicile de la personne offensée).

Art. 272. — Les individus déclarés vagabonds par jugement, pourront, s'ils sont étrangers, être conduits par ordre du gouvernement, hors du territoire de la République.

Traité d'amitié entre la France et le Brésil

7 juin 1825 ; prom. 1 octobre 1826.

Art. 7. — (En cas de guerre, les sujets des deux parties contractantes, peuvent continuer à rester sur le territoire pour l'arrangement de leurs affaires et commercer sans gêne dans l'intérieur tant qu'ils se comporteront pacifiquement et sans offense aux lois). Dans le cas où ils se rendraient suspects par leur conduite, ils seront sommés de sortir du pays, leur accordant la liberté de se retirer dans un délai qui n'excédera pas six mois.

Art. 8. — Les individus accusés dans les Etats de l'une des Hautes Parties contractantes du crime de haute trahison, félonie, fabrication de fausse monnaie ou du papier qui la représente, ne seront pas admis, ni ne recevront protection dans les Etats de l'autre ; et pour que cette clause reçoive sa pleine exécution, chacun des deux Souverains s'engage à faire expulser de ses Etats lesdits accusés aussitôt qu'il en sera requis par l'autre.

Art. 9. — (Défense de donner asile aux soldats ou marins déserteurs).

Décret du gouvernement provisoire Belge
du 6 octobre 1830.

... Tous autres étrangers non munis d'autorisation du gouvernement, sont tenus de justifier de leurs ressources, en cas contraire, ils seront renvoyés chez eux.

Loi Française du 21 avril 1832.

Art. 1ᵉʳ. — Le gouvernement est autorisé à réunir dans une ou plusieurs villes, qu'il désignera, les étrangers réfugiés qui résideront en France.

Art. 2. — Le gouvernement pourra les astreindre à se rendre dans celle de ces villes qui leur sera indiquée; il pourra leur enjoindre de sortir du royaume, s'ils ne se rendent pas à cette destination, ou s'il juge leur présence susceptible de troubler l'ordre et la tranquillité publique.

La présente loi ne pourra être appliquée aux réfugiés qu'en vertu d'un ordre signé par un ministre.

Art. 4. — La présente loi ne sera en vigueur que pendant une année à partir du jour de sa promulgation (1).

Traité d'amitié entre la France et la Bolivie
du 9 décembre 1834
Promulg. 26 juillet 1837

Art. 2. — (Faculté pour les sujets des deux États de voyager, séjourner, commercer librement sur le territoire de l'autre).

Art. 3. — (Assurance de réciproque protection pour les personnes et les biens).

---

(1) Cette loi a été renouvelée plusieurs fois pour des délais variables et parfois avec des modifications comme cela est arrivé le 1ᵉʳ mai 1834 et le 24 juillet 1839.

Ils (les citoyens respectifs) ne pourront être expulsés, ni même envoyés forcément d'un point à un autre du pays par mesure de police ou gouvernementale, sans motifs graves et de nature à troubler la tranquillité, et avant que ces motifs et les documents qui en feront foi aient été communiqués aux agents diplomatiques ou consulaires de leur nation respective. Dans tous les cas, il sera accordé aux inculpés le temps nécessaire pour présenter ou faire présenter au gouvernement du pays leurs moyens de justification. Le temps sera d'une durée plus ou moins grande, suivant les circonstances.

Il est convenu que les dispositions du paragraphe qui précède ne seront point applicables aux condamnations à la déportation ou au bannissement d'un point à un autre du territoire, qui pourraient être prononcées conformément aux lois et aux formes établies par les tribunaux de l'un des deux pays contre les citoyens de l'autre...

Art. 4. — (En cas d'urgence, les commerçants qui se trouvent sur les côtes auront six mois, et ceux de l'intérieur un an, pour régler leurs affaires et partir par le port qu'ils auront désigné. Ils pourront rester avec garantie pour leurs personnes et leurs biens).

Loi Belge du 8 janvier 1841.

L'article 1er de la loi du 22 septembre 1835 (qui permet de fixer une résidence à l'étranger et même de l'expulser), est applicable à l'étranger qui aurait eu un duel avec un Belge en pays étranger.

Traité d'amitié entre la France et la République de l'Equateur
6 juin 1843 ; prom. 28 mars 1845

Art. 2, § 3. — (Liberté réciproque de voyager, séjourner, commercer sur les territoires).

Art. 4, § 4. — Ils (les citoyens respectifs) ne pourront être arrêtés ni expulsés, ni même envoyés d'un point à un autre du pays par mesure de police ou gouvernementale, sans indices ou motifs graves et de nature à troubler la tranquillité publique, et avant que ces motifs et les documents qui en feront foi, aient été communiqués aux agents diplomatiques ou consulaires de leur nation respective. Dans tous les cas il sera accordé aux inculpés le temps nécessaire pour présenter ou faire présenter au gouvernement du pays leurs moyens de justification ; ce temps sera d'une durée plus ou moins grande, suivant les circonstances.

(Ceci n'est pas applicable aux peines de déportation et bannissement prononcées par les tribunaux, en exécution des dispositions pénales du droit interne).

Art. 8. — (En cas de guerre, six mois sont accordés aux résidants établis le long des côtes, et un an à ceux de l'intérieur, pour régler leurs affaires et disposer de leurs propriétés et s'embarquer ensuite dans le port qu'ils désigneront. Les personnes ayant un établissement dans le pays, pourront continuer à y résider tant qu'ils ne commettront aucune offense contre les lois du pays).

Traité d'amitié entre la France et le Chili
15 septembre 1846; prom. 8 août 1853

Art. 2, § 3. — (Liberté réciproque de voyager, séjourner, commercer sur le territoire).

Art. 7. — (En cas de guerre, les citoyens des parties contractantes, s'ils sont établis le long des côtes, auront six mois, et s'ils sont dans l'intérieur, un an, pour régler leurs affaires avant leur sortie du territoire par le port qu'ils désigneront, s'ils ne préfèrent rester).

Loi Hollandaise du 13 août 1847.

P. Fiore, *Traité de droit pén. intern.*, trad. Ch. Antoine, t. I, p. 114, d'après une communication de M. Brusa.

Art. 10. — Les étrangers admis ne pourront être envoyés à la frontière que sur l'ordre du juge cantonal du lieu où ils séjournent, ou que par Notre ordonnance

Art. 11. — Le juge cantonal peut ordonner une expulsion, seulement à défaut des conditions requises par l'article 1ᵉʳ, après avoir entendu l'étranger, ou l'avoir dûment assigné à cet effet.

Il sera dressé procès-verbal de cet interrogatoire.

Si l'étranger ne se présente pas, l'ordre d'expulsion fera mention de cette circonstance.

L'ordre d'expulsion sera motivé.

Le juge cantonal remettra à notre commissaire provincial une copie du procès-verbal et de l'ordre d'expulsion.

Nous nous réservons la faculté de supprimer l'ordre d'expulsion et d'en prohiber l'exécution.

L'ordre ne cessera pas cependant d'être exécutoire par suite d'un recours interjeté devant Nous, ou, d'après l'article 2, devant la Cour suprême.

Art. 12. — L'étranger dangereux pour la paix publique peut être expulsé par Notre ordonnance.

L'étranger dont nous avons ordonné l'expulsion est tenu de quitter le royaume le quatrième jour après la communication de Notre ordonnance. Pendant ce temps, il peut profiter de la faculté accordée par l'article 20 de cette loi, et, en attendant, il peut être gardé en détention.

S'il ne profite pas de cette faculté, ou si la Cour suprême trouve que ses réclamations sont sans fondement, il est donné suite immédiatement à l'ordre d'expulsion.

Il sera, autant que possible, conduit à la frontière par lui indiquée.

Art. 13. — Nous nous réservons la faculté d'indiquer, comme demeure des étrangers dangereux pour la paix publique, un lieu déterminé dans le royaume, ou de leur interdire le séjour de certains lieux de l'État.

Les arrêtés royaux prévus en l'article 12 sont communiqués aux chambres des États généraux.

Art. 14. — Les étrangers qui, avant l'expiration du terme des cinq années qui suivent la date de l'ordre d'expulsion du juge cantonal, sont arrêtés dans le pays, sans qu'ils puissent prouver une admission postérieure, sont passibles de huit jours à trois mois de prison.

Art. 15. — Les étrangers qui, en dépit d'une expulsion que Nous avons ordonnée, et qui n'est pas supprimée, rentrent dans les Pays-Bas, seront passibles de trois à six mois de prison.

Dans les cas prévus par cet article et par le précédent, les condamnés seront renvoyés à la frontière après avoir subi leur peine.

Art. 16, 17 et 18 abrogés par la loi du 6 avril 1875.

Art. 19 — Les dispositions de cette loi ne s'appliquent pas aux étrangers qui sont assimilés, par l'article 8 du Code civil, aux Néerlandais, et considérés, relativement à cette loi, comme établis dans le pays, ni à l'étranger domicilié dans l'État et qui est ou a été marié à une femme néerlandaise, dont il a eu un ou plusieurs enfants nés dans les Pays-Bas.

Art. 20. — Tous ceux à qui cette loi serait applicable, et qui prétendent être Néerlandais ou tomber sous les exceptions de l'article précédent, peuvent se pourvoir devant la Cour suprême par recours motivé, et, s'il s'agit d'un des cas prévus par les articles 12 et 18, dans le terme fixé par ces articles, afin de faire déclarer que cette loi ne doit point leur être appliquée.

La Cour suprême, ouï le Procureur général, connaît de ces points contestés, en bornant sa décision à ces points.

Art. 21. — Tous les actes et pièces que la présente loi prescrit de faire ou de délivrer, sont libres de tout droit de timbre et d'enregistrement.

Les mandats royaux et les ordres doivent être publiés dans le *Staatsblad* (feuille de l'État), et remis à tous les ministères, autorités, collèges et fonctionnaires qui en assurent la prompte exécution.

Traité d'amitié entre la France et la République de Guatemala

8 mars 1848 ; prom. 14 mai 1849

Art. 2, § 3. — Même disposition que dans le traité du 6 juin 1843, entre la France et la République de l'Equateur.

Art. 4. — Même renvoi.

Art. 8. — Même renvoi.

Traité d'amitié entre la France et Costa Rica

12 mars 1848 ; prom. 22 mars 1850

Ce traité, conclu par annexion à celui signé avec le Guatemala, contient par suite les mêmes stipulations.

Loi Belge du 3 avril 1848.

Art. 3. — Si les indigents (condamnés pour vagabondage et mendicité, mis à la disposition du gouvernement) sont étrangers et s'il est reconnu qu'ils n'ont pas acquis de domicile de secours en Belgique, ou qu'ils n'appartiennent pas à un pays avec lequel le gouvernement a conclu un traité pour les remboursements des frais de secours, ils seront reconduits à la frontière.

Loi Française du 4 décembre 1849.

Art. 7. — Le Ministre de l'intérieur pourra, par mesure de police, enjoindre à tout étranger voyageant ou résidant en France, de sortir immédiatement du territoire français et le faire conduire à la frontière.

Il aura le même droit à l'égard de l'étranger qui aura obtenu l'autorisation d'établir son domicile en France ; mais après un délai de deux mois, la mesure cessera d'avoir effet, si l'autorisation n'a pas été révoquée suivant la forme indiquée dans l'article 3. (Décision du gouvernement sur avis du conseil d'Etat).

Dans les départements frontières, le Préfet aura le même droit à l'égard de l'étranger non résidant, à la charge d'en référer immédiatement au Ministre de l'intérieur.

Art. 8. — Tout étranger qui se serait soustrait à l'exécution des mesures énoncées en l'article précédent ou dans l'article 272 du Code pénal, ou qui, après être sorti de France par suite de ces mesures, y serait rentré, sans la permission du gouvernement, sera traduit devant les tribunaux et condamné à un emprisonnement d'un mois à six mois.

Après l'expiration de sa peine, il sera conduit à la frontière.

Art. 9. — Les peines prononcées par la présente loi pourront être réduites conformément aux dispositions de l'article 463 Code pénal.

Circulaire du 18 avril 1850, de l'Administrateur de la Sûreté publique Belge, au Commandant de la Gendarmerie.

(Analyse)

Les étrangers qui ne peuvent être admis pour défaut de papiers ou de moyens d'existence, doivent immédiatement être reconduits par la gendarmerie à la frontière qu'ils désigneront.

Code pénal Prussien du 14 avril 1851.

L'article 115 punissait l'infraction à un arrêté d'expulsion de trois mois à deux ans de prison.

Circulaire du 11 janvier 1852, de l'Administrateur
de la Sûreté publique en Belgique,
aux gouverneurs.

(Extrait).

... Les étrangers qui seront arrêtés par les autorités locales chargées de la police pour défaut de papiers ou de moyens d'existence et
dont le séjour en Belgique ne peut évidemment être autorisé, devront
être remis immédiatement entre les mains de la gendarmerie, à
l'effet d'être dirigés par la correspondance ordinaire à la frontière
qu'ils désigneront pour sortir du royaume...

Traité de commerce entre la France et la République de Libéria

20 avril 1852; prom. 18 octobre 1856.

Art. 10, § 2. — Les commerçants français, établis sur le territoire de la République de Libéria, devront s'abstenir de toute intervention avec les naturels qui pourraient amener la violation des lois
ou troubler la paix du pays.

Art. 11. — En cas de mésintelligence entre les deux nations contractantes, les citoyens de chacune d'elles résidant dans les possessions de l'autre, pourront y rester pour l'arrangement de leurs affaires ou commerce dans l'intérieur, sans être gênés de quelque manière
que ce soit, tant qu'ils continueront à se comporter pacifiquement
et à ne commettre aucun acte contraire aux lois.

Traité d'amitié entre la France et Saint-Domingue

8 mai 1852; prom. 26 novembre 1852.

Art. 2, § 3. — Comme l'article 2, § 3 du traité avec le Chili, du
15 septembre 1846.

Art. 7. — Comme l'article 7 du même traité.

Décret royal Espagnol du 17 novembre 1852.

Codigos con notas, por. C. de Ochoa, 1885, p. 599 et suiv.

(Analyse).

Chapitre 1er. — Des étrangers et de leur classement en Espagne.

Chapitre 2. — Des prescriptions à observer par les étrangers à l'occasion de leur entrée et de leur séjour en Espagne.

Art. 6 et 7. — (Présentation de passeport).

Art. 8. — (Autorisation de résidence).

Art. 9, 10, 11, 12. — Registres matricules des étrangers).

Art. 13. — L'étranger qui, en contravention aux dispositions qui précèdent, s'introduira en Espagne sans présenter de passeport, pourra être condamné comme désobéissant à l'autorité, à une amende de cent à mille réaux et être expulsé en outre du territoire Espagnol, si le gouvernement le décide sur avis de l'autorité civile, communiqué par le Ministre de l'Intérieur (Gobernacion), d'accord avec le Ministre d'Etat.

Art. 14. — Quand un étranger arrivera dans un port ou une ville de la frontière, sans passeport, il sera détenu par les autorités espagnoles, qui donneront immédiatement avis de son arrestation au gouvernement, par l'intermédiaire du Ministre de l'Intérieur, en faisant connaître les circonstances dans lesquelles se présente cet étranger, s'il est vagabond, ou s'il cherche un refuge pour se soustraire aux poursuites de ses juges naturels. Le gouvernement après avoir pris connaissance du tout, et les ministres de police et d'Etat, procédant définitivement et conjointement décidera l'expulsion de l'étranger, on fixera le lieu de sa résidence, suivant qu'il le jugera convenable.

Art. 15. — Il sera procédé de même lorsqu'il arrivera en Espagne des corps d'émigrés, jusqu'à ce que le gouvernement ait désigné le lieu de leur résidence et sans préjudice de la désignation du lieu où ils devront déposer les armes dont ils seraient porteurs.

Art. 16. — L'étranger qui désobéira à l'ordre d'expulsion du royaume, sera passible de la peine portée en l'article 285 du Code, (sur la falsification des sceaux de l'Etat). En considérant à cet effet la désobéissance comme grave, l'ordre d'expulsion ayant été donné dans un intérêt public. Et sans préjudice de l'exécution de cette expulsion lorsque la peine aura été subie.

Chap. 3. — De la condition civile des étrangers.

Chap. 4. — Des navires étrangers.

Chap. 5. — Dispositions générales.

Traité d'amitié entre la France et le Paraguay
1 mars 1853 ; prom. 2 février 1854.

Art. 2. — (Droit réciproque de séjourner et résider sur les territoires.)

Art. 13 — (Faculté de rester sur les territoires en temps de guerre et si les résidants préfèrent sortir, un délai leur sera accordé pour régler leurs affaires, avec faculté de s'embarquer dans le lieu qu'ils choisiront).

Loi Espagnole du 4 décembre 1855.
Codigos con notas, por. C. de Ochoa, 1881, p. 603

Art. 1er. — Le territoire espagnol, est un asile inviolable pour la personne de tout étranger et pour ses propriétés.

Art. 2. — Dans aucune convention ni aucun traité diplomatique ne pourra être stipulée l'extradition des étrangers poursuivis pour des faits ou délits politiques.

Art. 3. — (Pas de confiscation de propriété en cas de guerre).

Art. 4. — Si un gouvernement étranger réclame justement l'internement d'un de ses sujets résidant dans la zone frontière, le gouvernement espagnol pourra l'interner de 10 à 30 lieues de la frontière, (166 kil. 650 mètres), en en rendant compte aux Cortès.

Art. 5. — Si des étrangers réfugiés en Espagne abusant de l'asile, conspirent contre elle et travaillent à détruire ou modifier ses instilutions, ou par tout autre mode à porter atteinte à la tranquillité publique, le gouvernement pourra décréter leur sortie du territoire, en rendant compte aux Cortès, des motifs qui l'ont déterminé à agir.

Traité d'amitié entre la France et la République de Honduras

22 février 1856 ; prom. 17 octobre 1857.

Art. 2. — (Liberté de voyager, séjourner et commercer réciproquement sur les deux territoires).

Art. 4. — (Même disposition que dans l'article 4 du traité du 6 juin 1843, entre la France et l'Équateur).

Art. 8. — (Même renvoi).

Traité d'amitié entre la France et la Nouvelle-Grenade

15 mai 1856 ; prom. 11 septembre 1857

(Analyse)

Art. 3. — Liberté garantie sur les territoires respectifs, aux parties, de voyager, séjourner, commercer, louer et occuper des maisons, etc.

Art. 9. — En cas de guerre, il est accordé six mois aux commerçants sur les côtes, un an à ceux de l'intérieur pour régler leurs affaires et s'embarquer par le port libre qu'ils désigneront, sans qu'on puisse jamais séquestrer leurs biens.

Traité d'amitié entre la France et les Iles Sandwich

29 octobre 1857 ; prom. 21 janvier 1859

(Analyse)

Art. 2, § 2. — Liberté réciproque de voyager, séjourner et commercer sur les deux territoires.

Art. 7. — En cas de guerre, un an est accordé au résidant pour régler ses affaires et partir par le port qu'il désignera.

Traité d'amitié entre la France et le Salvador

2 janvier 1858 ; prom. 3 mars 1860.

Art. 3. — (Liberté de séjourner, voyager, commercer sur les territoires respectifs).

Ar. 5. — . . . .

§ 2. — Ils (les Français au Salvador et les Salvadoriens en France) ne pourront être arrêtés ni expulsés, ni même envoyés d'un point à un autre du pays, par mesure de police ou gouvernementale, sans indices ou motifs graves et de nature à troubler la tranquillité publique, et, en aucun cas, avant que ces motifs et les documents qui en feront foi aient été communiqués aux agents diplomatiques ou consulaires de leur nation respective. Il sera d'ailleurs accordé aux inculpés le temps moralement nécessaire pour présenter ou faire présenter au gouvernement du pays leurs moyens de défense.

Il est bien entendu que les dispositions de cet article ne sont pas applicables aux condamnations à la déportation ou au bannissement du territoire qui pourraient être prononcées, conformément aux lois et aux formes établies, par les tribunaux des pays respectifs, contre les sujets ou citoyens de l'un d'eux. Ces condamnations continueront à être exécutables dans les formes voulues par les législations respectives.

Ordonnance royale de juin 1858. Espagne.

P. Fiore, *Traité de droit pén. intern.*, trad. par Ch. Antoine, t. 1, p. 113.

Art. — L'étranger oisif qui vient dans le but de mendier sera contraint de retourner dans son pays. . . . .

Art. 4. — Si c'est un émigré politique, on l'inviterait à choisir pour sa résidence, un pays à 120 kil. de la frontière de France ou de Portugal.

Art. 9. — Les émigrés ne peuvent changer de résidence sans autorisation expresse du gouvernement, ni ne peuvent voyager, après autorisation, sans une feuille de route, ou laisser-passer, qui contienne toutes les circonstances détaillées comme elles sont prescrites au § 7 de cette circulaire.

Art. 11. — Les émigrés, une fois sortis de l'Espagne, ne peuvent y être de nouveau admis sans motifs graves à l'appréciation du gouvernement.

Traité d'amitié entre la France et le Nicaragua

11 avril 1859; prom. 21 janvier 1860

(Analyse)

Art. 2, § 3. — Autorise les citoyens des deux Etats à voyager ou séjourner sur les territoires respectifs, commercer, louer et occuper des maisons comme les nationaux.

Art. 8. — En cas de guerre, il est accordé, de part et d'autre, un délai de six mois aux commerçants qui sont sur les côtes, et une année pour ceux de l'intérieur, pour régler leurs affaires ; et un sauf-conduit leur sera délivré pour s'embarquer dans le port qu'ils choisiront, sans que leurs biens puissent être saisis ou séquestrés.

Art. 28. — Le Nicaragua consent à ce que la France fasse passer sur son territoire des troupes autant qu'elles seront destinées pour une possession française en quelque point d'outre-mer, et qu'on n'aura pas l'intention de les employer contre les Etats centre américains et ceux en confédération avec Nicaragua.

Traité de Zurich, du 10 novembre 1859, entre la France, l'Autriche et la Sardaigne

Art. 12. — Les sujets lombards domiciliés sur le territoire cédé, pourront, pendant l'espace d'un an, à partir du jour de l'échange des ratifications, et moyennant une déclaration préalable à l'autorité compétente, de la faculté pleine et entière d'exporter leurs biens meubles en franchise de droits, et de se retirer avec leurs familles dans les Etats de S. M. I. et R. A., auquel cas la qualité de sujets autrichiens leur sera maintenue. Ils seront libres de conserver leurs immeubles situés sur le territoire de la Lombardie.

La même faculté est accordée réciproquement aux individus originaires du territoire cédé de la Lombardie, établis dans les Etats de S. M. l'Empereur d'Autriche.

Les Lombards qui profiteront des présentes dispositions ne pourront être, du fait de leur option, inquiétés, de part ni d'autre, dans leurs personnes ou dans leurs propriétés situées dans les Etats respectifs.

Le délai d'un an est étendu à deux ans pour les sujets originaires du territoire cédé de la Lombardie, qui, à l'époque de l'échange des ratifications du présent traité, se trouveront hors du territoire de la monarchie autrichienne.

Leur déclaration pourra être reçue par la mission autrichienne la plus voisine, ou par l'autorité supérieure d'une province quelconque de la monarchie.

Traité du 24 mars 1860 entre la France et la Sardaigne pour la réunion de la Savoie et de Nice à la France

Art. 6. — Les sujets sardes originaires de la Savoie et de l'arrondissement de Nice, ou domiciliés actuellement dans ces provinces, qui entendent conserver la nationalité sarde, jouiront, pendant l'espace d'un an, à partir de l'échange des ratifications, et moyennant une déclaration préalable faite à l'autorité compétente, de la faculté de transporter leur domicile en Italie et de s'y fixer, auquel cas, la qualité de citoyen sarde leur sera maintenue. Ils seront libres de conserver leurs immeubles situés sur les territoires réunis à la France.

Traité du 2 février 1861
entre la France et la Principauté de Monaco, portant
cession de Menton et de Roquebrune

Art. 7. — Les sujets de S. A. S. le Prince de Monaco, originaires de Menton et de Roquebrune, ou actuellement domiciliés dans ces communes, qui entendront conserver la nationalité de Monaco, jouiront, pendant un an, à partir de l'échange des ratifications du présent Traité et moyennant une déclaration faite à l'autorité compétente, de la faculté de transporter leur domicile dans la Principauté et de s'y fixer ; en ce cas, leur ancienne nationalité leur sera maintenue. Ils seront libres de conserver leurs immeubles situés sur le territoire de Menton et de Roquebrune.

Traité de commerce entre la France et la Russie
1er avril 1874; prom. 17 juillet 1874.

Art. 1er. — (Faculté réciproque d'entrer, voyager ou séjourner en toute liberté sur les parties du territoire, avec la même protection et sécurité que les nationaux, exercer tout commerce et toute industrie).

Il est toutefois entendu que les stipulations qui précèdent ne dérogent en rien aux lois, ordonnances et règlements spéciaux en matière de commerce, d'industrie et de police en vigueur dans chacun des deux pays et applicables à tous les étrangers en général).

Traité d'amitié entre la France et le Pérou
9 mars 1861; prom. 26 février 1867.

Art. 2 — ......
§ 2. — Les sujets et citoyens des deux États pourront, comme les nationaux sur les territoires respectifs, voyager, séjourner ou

s'établir, commercer tant en gros qu'en détail et exercer toute profession, tout art ou toute industrie non contraire aux usages, aux bonnes mœurs, à la morale, à la sécurité publique, se conformant aux lois municipales et aux ordonnances de police et observant les conditions et formalités requises pour l'exercice de certaines professions scientifiques par les règlements spéciaux.....

Art. 3. — ....

§ 3. — Ils (les sujets et citoyens des deux H. P. C.) ne pourront être arrêtés ni expulsés du pays, ni même transportés d'un point à un autre du territoire sans motifs graves, sans que les formes légales soient observées à leur égard, et avant que les causes qui motiveront une pareille mesure et les documents qui en feront foi, aient été, en temps opportun, communiqués aux agents diplomatiques ou consulaires de leur nation. Dans tous les cas, il sera accordé aux inculpés le temps nécessaire, suivant les circonstances, pour présenter leurs moyens de justification et de défense, et pour prendre, avec lesdits agents diplomatiques ou consulaires, les mesures nécessaires à la conservation de leurs biens et de ceux des tiers qui existeraient en leurs mains. Les stipulations du présent article ne pourront mettre obstacle à l'exécution des jugements prononcés par les tribunaux respectifs conformément aux lois du pays.

Art. 7. — (En cas de guerre, les sujets ou citoyens résidant dans le territoire de l'autre État) pourront y demeurer et continuer leurs affaires, tant qu'ils se conduiront pacifiquement et ne se rendront coupables d'aucune offense contre les lois. Dans le cas où leur conduite venant à inspirer contre eux de justes soupçons, ils perdraient ainsi le privilège, et où les gouvernements respectifs jugeraient nécessaire de les faire sortir du pays, il leur sera accordé un délai de douze mois à compter de la publication de l'ordre ou du jour où il leur aura été signifié, afin qu'ils puissent régler leurs intérêts et se retirer avec leurs familles, effets et propriétés. Dans ce cas, on leur donnera le sauf-conduit nécessaire. Il demeure néanmoins entendu que les personnes qui se seront ainsi rendues suspectes pourront être transférées, par les gouvernements respectifs, sur les points de leur propre territoire qu'ils jugeront à propos de désigner.

(Aucune saisie ou confiscation de biens, propriétés ou deniers ne pourra avoir lieu).

Convention consulaire entre la France et l'Espagne
7 janvier 1862; prom. 18 mars 1863

Art. 3. — Les sujets de l'un ou de l'autre Etat qui voudront se livrer au commerce ou s'établir pour quelque but que ce soit dans les pays respectifs, devront être pourvus d'un certificat d'immatriculation constatant leur qualité de français ou d'espagnols, qui leur sera délivré par les agents diplomatiques ou consulaires de leur pays, sur la présentation des pièces propres à établir leur nationalité. Ce certificat sera visé par les autorités territoriales compétentes et servira de titre à celui auquel il aura été délivré pour justifier de sa nationalité et de son identité dans les démarches qu'il aurait à faire, soit auprès des agents de sa nation, soit auprès des autorités du pays. Sans la présentation dudit certificat d'immatriculation, les autorités françaises ne permettront, dans aucun cas, la résidence des Espagnols en France, ni les autorités espagnoles celle des Français en Espagne.

Traité relatif à la Vallée des Dappes entre la France et la Suisse, du 8 décembre 1862

Art. 3. — Les habitants originaires de la partie des Dappes qui revient à la France, en vertu du présent Traité, demeureront français, à moins qu'ils ne déclarent, dans le délai d'une année, opter pour la nationalité suisse, auquel cas ils pourront conserver leur domicile et leur établissement sur le territoire de l'Empire.

Les habitants originaires de la partie cédée par la France à la Confédération Suisse, demeureront Suisses, à moins qu'ils ne décla

rent, dans le même délai, vouloir rester français ; auquel cas ils
pourront conserver leur domicile et leur établissement sur le territoire Suisse.

Traité entre la France et Monaco
9 novembre 1865

Art. 20. — (Aucun individu expulsé de France ne peut résider
dans la Principauté, et, sur la demande du Prince, il est interdit à
tout individu expulsé de la Principauté de résider dans le département des Alpes-Maritimes).

Déclaration du 30 mai 1868, entre la France et la Bavière, concernant l'expulsion
Prom. 27 juin 1868

Lorsque l'un des deux gouvernements jugera nécessaire d'expulser de son territoire un individu supposé être sujet de l'autre, il
devra, au préalable, constater sa nationalité. Cette constatation
faite, il communiquera à la légation ou au consulat compétent, soit
en original, soit en copie authentique, tous les papiers dont l'expulsé était nanti et qui pourraient servir à établir sa nationalité.

A l'avenir, il ne sera plus délivré de passeport à l'expulsé, mais
seulement une feuille de route désignant le point de la frontière où
il sera tenu de passer pour se rendre dans son pays d'origine.

En visant la feuille de route, la légation ou le consulat devra
indiquer qu'il n'existe aucun obstacle au rapatriement de l'individu
soumis à l'expulsion. Cette mention aura toujours lieu dans le cas
où les pièces communiquées comme il est dit plus haut, permettront de reconnaître la nationalité de l'expulsé.

En cas de doute, la légation ou le consulat en référera à son gouvernement.

Les deux gouvernements s'engagent à reprendre tout individu

expulsé qui aura été considéré à tort comme sujet du pays auquel il
a été rendu, aussitôt que l'erreur aura été reconnue.

Convention consulaire du 28 octobre, 9 novembre 1869, entre la Serbie et l'Italie

Art. 2. — Les citoyens de l'un des deux Etats contractants, résidant ou établis dans le territoire de l'autre, qui voudront retourner
dans leur pays, ou qui y seront renvoyés par sentence judiciaire ou
par mesure de police légalement adoptée et exécutée, ou d'après les
lois sur la mendicité et les mœurs, seront reçus, eux et leurs
familles, en tout temps et en toute circonstance, dans le pays dont
ils sont originaires, et où ils auront conservé leurs droits, conformément aux lois.

Code Pénal Allemand du 31 mai 1870

Annuaire de législ. étr., trad. de M. Ribot, 1871, p. 80 et
suiv.

Art. 38. — Tout jugement qui condamne à une peine emportant
privation de la liberté, peut, dans les cas déterminés par la loi,
autoriser la haute police, le directeur de la police préalablement
entendu, à renvoyer le condamné sous la surveillance de la police
pour un délai de cinq ans au plus.

Ce délai compte du jour où la peine a été subie, prescrite ou
remise.

Art. 39. — Les effets de la mise sous la surveillance de la haute
police consistent :

§ 1. — ....

§ 2. — Dans la faculté conférée à la haute police d'expulser le
condamné, s'il est étranger du territoire de la Confédération.

Art. 361. — Seront punis des arrêts :

§ 1. — ....

§ 2. — Ceux qui, après avoir été expulsés du territoire de la Confédération ou d'un Etat confédéré, y seront rentrés sans autorisation.

Code Pénal Espagnol de 1870

Codigos con notas, por C. de Ochoa, 1885, p. 105.

Art. 26. — Les peines qui peuvent être prononcées en vertu du présent Code, sont les suivantes :

PEINES AFFLICTIVES

. . . .

Le bannissement *(Extranamiento)* perpétuel.

. . . .

Le bannissement à temps.

. . . .

L'internement *(Confiniamiento)*

PEINES CORRECTIONNELLES

. . . .

L'expulsion *(Destierro)*.

Loi Autrichienne du 27 juillet 1871

Art. 2, § dernier. — Les personnes qui n'auront pas leur domicile légal sur le territoire, pourront, si leur présence ne peut être tolérée pour des motifs d'intérêt, d'ordre et de sûreté publics, être expulsés du territoire.

Art. 5. — (Autorités pouvant prononcer une expulsion).

Art. 7. — (Recours).

Convention militaire conclue aux Verrières le 1" Février 1871 pour l'entrée en Suisse des troupes françaises pendant la guerre Franco-Allemande

Entre M. le Général de division Clinchant, général en chef de la première armée française, et M. le Général Herzog, général en chef de l'armée de la Confédération Suisse, il a été fait les conventions suivantes :

Art. 1". — L'armée française demandant à passer sur le territoire suisse, déposera ses armes, équipements et munitions en y pénétrant.

Art. 2. — Ces armes, équipements et munitions seront restitués à la France après la paix et après le règlement définitif des dépenses occasionnées à la Suisse par le séjour des troupes françaises.

Art. 3. — Il en sera de même pour le matériel d'artillerie et ses munitions.

Art. 4. — Les chevaux, armes et effets des officiers seront laissés à leur disposition.

Art. 5. — Des dispositions ultérieures seront prises à l'égard des chevaux de troupe.

Art. 6. — Les voitures de vivres et de bagages, après avoir déposé leur contenu, retourneront immédiatement en France, avec leurs conducteurs et leurs chevaux.

Art. 7. — Les voitures du Trésor et des Postes seront remises avec tout leur contenu à la Confédération Helvétique, qui en tiendra compte lors du règlement des dépenses.

Art. 8. — L'exécution de ces dispositions aura lieu en présence d'officiers français et suisses désignés à cet effet.

Art. 9. — La Confédération se réserve la désignation des lieux d'internement pour les officiers et pour la troupe.

Art. 10. — Il appartient au Conseil fédéral d'indiquer les prescriptions de détail destinées à compléter la présente convention.

Traité définitif de paix conclu à Francfort-sur-Mein, le 10 mai 1871, entre la France et l'Allemagne

Art. 2. — Les sujets français originaires des territoires cédés, domiciliés actuellement sur ce territoire, qui entendent conserver la nationalité française, jouiront, jusqu'au 1er octobre 1872 et moyennant une déclaration faite à l'autorité compétente, de la faculté de transporter leur domicile en France et de s'y fixer, sans que ce droit puisse être altéré par les lois sur le service militaire, auquel cas la qualité de citoyen français leur sera maintenue.

Ils seront libres de conserver leurs immeubles situés sur le territoire réuni à l'Allemagne.

. . . .

Art. 11. — Les traités de commerce avec les divers Etats d'Allemagne ayant été annulés par la guerre, le gouvernement français et le gouvernement allemand prendront pour bases de leurs relations commerciales, le régime du traitement réciproque de la nation la plus favorisée.

Sont compris dans cette règle les droits d'entrée et de sortie, le transit, les formalités douanières, l'admission et le traitement des sujets des deux nations, ainsi que de leurs agents.

Art. 12. — Tous les allemands expulsés conserveront la jouissance pleine et entière de tous les biens qu'ils ont acquis en France.

Ceux des allemands qui avaient obtenu l'autorisation exigée par les lois françaises pour fixer leur domicile en France, seront réintégrés dans tous leurs droits et peuvent, en conséquence, établir de nouveau leur domicile sur le territoire français.

Le délai stipulé par les lois françaises pour obtenir la naturalisation sera considéré comme n'étant pas interrompu par l'état de guerre pour les personnes qui profiteront de la faculté ci-dessus mentionnée de revenir en France dans un délai de six mois après l'échange des ratifications de ce traité, et il sera tenu compte du temps écoulé entre leur expulsion et leur retour sur le territoire français, comme s'ils n'avaient jamais cessé de résider en France.

Les conditions ci-dessus seront appliquées en parfaite réciprocité aux sujets français résidant ou désirant résider en Allemagne.

Conférences de Francfort,
pour la négociation de la Convention additionnelle
du 11 décembre 1871, entre la France
et l'Allemagne

Conférence du 6 juillet 1871

1re question. — Les individus originaires des territoires cédés et qui auront opté pour la nationalité Française et transporté leur domicile en France, sont-ils assujettis à un délai pour rentrer en Alsace-et-Lorraine ?

Les plénipotentiaires allemands répondent que les lois sur l'émigration ne fixant à cet égard aucun délai, les individus dont il s'agit seront libres de rentrer sur le territoire de l'Empire au même titre que tout autre étranger.

Les plénipotentiaires français expliquent qu'il ne s'agissait pas seulement pour eux, de savoir si les personnes en question pourront rentrer sur le territoire de l'Empire, mais encore s'y établir à demeure.

Les plénipotentiaires allemands répliquent que d'après leurs instructions, ils ne sont pas en mesure de faire à la question posée, d'autre réponse que celle-ci, à savoir : que ces personnes pouvaient comme tout autre étranger, franchir la frontière allemande et s'y fixer de nouveau en tant et aussi longtemps que les autorités compétentes y donneront leur assentiment.

Les plénipotentiaires français prennent cette explication *ad referendum*.

Constitution fédérale Suisse du 29 mai 1874

Art. 44. — Aucun canton ne peut renvoyer de son territoire un de ses ressortissants, ni le priver du droit d'origine ou de cité.

Art. 70. — La confédération a le droit de renvoyer de son territoire les étrangers qui compromettent la sûreté intérieure ou extérieure de la Suisse.

Loi Danoise du 15 mai 1875, sur la surveillance des étrangers

Analyse d'après les indications de M. G. Cogordan, *Annuaire de Législation étrangère*, 1885, p. 800-801.

Art. 1er. — (Un passeport n'est pas indispensable pour entrer dans le pays. Les bateleurs, musiciens ambulants, etc., ne sont pas admis, les ouvriers doivent justifier de leur identité).

Art. 2. — (Les étrangers qui n'ont pas obtenu le droit d'établissement et sont sans moyens d'existence, sont expulsés).

Art. 2, 3, 4 et 5. — (Formalités à remplir par l'ouvrier ou domestique qui veut trouver un emploi).

Art. 6. — (Si après huit jours il n'a pas trouvé de travail et ne peut se suffire, il peut être expulsé. Il peut être également expulsé si plus tard il reste huit jours sans travailler).

Art. 7. — (Une personne qui n'a pas obtenu l'indigénat, ni le droit d'établissement, peut toujours être expulsée par arrêté ministériel quand cette mesure est motivée par sa conduite; si toutefois elle n'est pas fixée sur le territoire Danois, depuis deux ans).

On distingue deux modes d'expulsion, le renvoi (*udsendelse*) et l'expulsion proprement dite (*udvisning*). L'étranger renvoyé est accompagné à la frontière par la police, l'expulsé reçoit un passeport pour se rendre directement à la frontière, à l'aide des fonds qui lui sont attribués pour frais de route par les autorités locales.

Décret Espagnol du 29 juin 1875

Ordonnant d'expulser du royaume les Carlistes militants.

Loi Italienne du 3 juillet 1875, sur la Sûreté publique

Cette loi autorise le ministre de l'intérieur pendant un délai qu'elle fixe, dans les lieux où la sûreté publique sera gravement troublée, sur la proposition d'une commission composée du Préfet, du Président et Procureur du Roi du chef-lieu, d'assigner temporairement un domicile forcé aux personnes soumises à la surveillance de la police et aux avertis indiqués dans l'article 105 de la loi du 6 juillet 1871.

Loi 14 mars 1876 (Belgique)

Art. 35. — Le gouvernement est autorisé à traiter, avec tous les pays étrangers, pour le rapatriement des indigents.

A défaut de convocation, les indigents étrangers pourront, à la demande des administrateurs qui pourvoient à leur assistance, être renvoyés à la frontière de leur choix.

Convention d'établissement entre la Suisse et l'Allemagne (dénoncé)
27 avril 1876

Annuaire de législ. étr., trad. de M. Bourrouillon, 1877, p. 576.

Art. 1er. — (Les Allemands seront reçus en Suisse sur le même pied que les ressortissants d'un canton Suisse et réciproquement, les mêmes droits appartiendront aux Suisses en Allemagne d'après l'article 3).

Art. 2. — (Nécessité de justifier préalablement d'un certificat d'origine et d'une attestation de jouissance de droits civiques et de réputation sans reproche).

Art. 7. — Les nationaux de l'une des parties contractantes établis, domiciliés ou résidant sur le territoire de l'autre, qui encourraient l'expulsion, soit en vertu d'une décision judiciaire, soit parce qu'ils compromettraient la sûreté intérieure ou extérieure de l'Etat, soit en exécution des lois et règlements sur la police des indigents et la police des mœurs, doivent être reçus ainsi que leurs familles, à la réquisition de la partie qui les expulse, par l'autre partie.

Dans les mêmes cas, chacune des parties contractantes s'engage de recevoir, sur la réquisition de l'autre partie, ses ci-devant nationaux, alors même que, d'après sa législation propre, ils auraient déjà perdu leur nationalité, pourvu qu'ils n'aient point acquis la nationalité de l'autre partie ou celle d'une Puissance tierce.

Toutefois lorsque la nationalité de la personne n'est pas établie par un certificat d'origine non suspect et encore valable, son renvoi ne peut être effectué, sans mesure de police, sans que l'obligation de la recevoir ait été démontrée, et que cette obligation ait été reconnue par celui auquel elle incombe.

Les frais de transport jusqu'à la frontière entre l'Allemagne et la Suisse sont à la charge de la partie qui fait l'expulsion.

Art. 10. — (Obligation de secourir les nationaux indigents de l'un des pays sur le territoire de l'autre, jusqu'à ce qu'ils puissent être rapatriés, les frais à rembourser dans la mesure que le permettent les législations respectives).

Traité entre la France et la Suède pour la rétrocession de l'île de Saint-Barthélemy, du 10 août 1877, promulgué le 13 mars 1878

Protocole du 31 octobre 1877.

Art. 1er. — La population de l'île de Saint-Barthélemy ayant été consultée, conformément à la convention (du 10 août 1877), et s'étant prononcée pour la réunion de cette île aux possessions françaises, les sujets de la couronne de Suède, domiciliés dans ladite île et dans les îlots qui en dépendent, sont déliés de tout lien de sujétion envers S. M. le Roi de Suède et de Norvège, ses descendants et successeurs, et la nationalité française leur sera acquise de plein droit à dater du jour de la prise de possession par l'autorité française.

Art. 2. — Toutefois il restera loisible aux personnes domiciliées dans l'île Saint-Barthélemy et étant en possession de la qualité de sujets de la couronne de Suède, de s'assurer, si elles le préfèrent, la conservation de cette qualité, moyennant une déclaration individuelle, faite à cet effet devant l'autorité de l'île; mais dans ce cas le gouvernement français se réserve la faculté d'exiger qu'elles transportent leur résidence hors du territoire de Saint-Barthélemy.

Le délai dans lequel pourra se faire la déclaration d'option prévue au paragraphe précédent sera d'un an, à dater du jour de l'installation de l'autorité française dans l'île de Saint-Barthélemy.

Pour les personnes qui, à cette date, n'auront pas l'âge fixé pour la majorité par la loi française, le délai d'un an courra du jour où elles atteindront cet âge.

Code Pénal hongrois, des crimes et des délits, du 28 mai 1878

Trad. de MM. Martinet et P. Dareste, Imp. nat. 1885.

Art. 64. — Les étrangers coupables de crimes peuvent être condamnés, outre les peines énumérées dans la partie spéciale du présent Code, à l'expulsion du territoire hongrois, et il peut leur être interdit d'y revenir, soit pour toujours, soit pour un temps déterminé.

Loi Allemande du 21 octobre 1878, contre les associations socialistes

Annuaire de législation étrangère, trad. de M. V. Jeanvrot, 1878, p. 119 et suiv.

Art. 27. — A l'égard de ceux qui auront été condamnés à l'emprisonnement, en vertu des articles 17 et 18 (pour avoir pris part à une association ou à une réunion interdite, ou avoir fourni un local dans ce but), s'il est établi qu'ils faisaient habituellement de la propagande en faveur des aspirations prévues par le § 2 de l'article 1er (aspirations démocratiques et sociales, socialistes ou communistes, ayant pour objet de renverser l'ordre politique ou social actuel), le jugement pourra ordonner qu'ils seront tenus de fixer leur résidence hors du lieu de leur domicile actuel. En vertu de ce jugement, les autorités de police pourront interdire aux condamnés de résider dans certains districts ou dans certaines localités déterminées. Toutefois ces dispositions ne seront applicables qu'aux condamnés qui habitent depuis moins de six mois dans le lieu de leur résidence actuelle. Les étrangers pourront être expulsés du territoire par les mêmes autorités. Les réclamations contre les mesures de police ne peuvent être adressées qu'aux autorités supérieures de police.

Les contraventions auxdites mesures de police seront punies d'un emprisonnement d'un mois à un an.

Art. 28. — Dans les districts ou les localités dans lesquels la sûreté publique serait menacée par les aspirations prévues par le § 2 de l'article 1er, les autorités centrales des Etats confédérés pourront prendre, pour une durée d'un an (prorogé depuis), les mesures suivantes :

§ 1, § 2, § 3. — Interdire le séjour dans certains districts ou certaines localités aux personnes considérées comme pouvant mettre en danger la sûreté ou l'ordre public.

9

Constitution de la Californie
7 mai 1879

Annuaire de législ. étr., trad. A. Gourd, 1879, p. 835 et suiv.

(Analyse)

Art. 19, Sect. 1. — (La législature prescrira toutes les règles nécessaires contre les charges et maux résultant de la présence d'étrangers, vagabonds, indigents, criminels, affligés de maladies contagieuses ou autrement nuisibles ou dangereux pour la paix et la prospérité de l'Etat. Elle réglera les conditions de leur séjour et les moyens de les éloigner en cas d'inexécution des conditions imposées à leur séjour, sans que ces prescriptions puissent être interprétées comme limitation et restriction du droit de la législature en ces matières).

Code pénal Hongrois des Contraventions
L. 14 juin 1879

Trad. de Martinet et P. Dareste, imp. nat., 1885.

Art. 69. — Il n'est pas dérogé par les dispositions des articles 62-68 aux règles en vigueur relatives au droit de renvoi des vagabonds dans leurs communes.

Les individus condamnés pour vagabondage ou pour mendicité, peuvent, même après que leur peine a été subie, s'ils sont nationaux, être renvoyés au lieu d'où ils relèvent, et, s'ils sont étrangers, être expulsés du pays.

Art. 70. — Celui à qui a été interdit, par décision de l'autorité, devenue exécutoire, le territoire hongrois, ou une partie de ce territoire, ou le territoire de quelque contrée, ville ou commune, et qui revient sans autorisation de l'autorité et pendant la durée de l'interdiction dans le lieu interdit, sera puni d'un mois d'arrêts au maximum.

Loi grand ducale de Luxembourg, du 26 novembre 1880 sur la police des étrangers

Annuaire de législ. étr., notes de M. Souiche Desfontaines, 1880, p. 439 et suiv.

Art. 1er. — L'étranger résidant dans le Grand Duché qui, par sa conduite, compromet la tranquillité publique ou qui a été condamné à l'étranger pour crimes ou délits qui donnent lieu à l'extradition, conformément à la loi du 13 mars 1870 et aux traités en vigueur, peut être contraint de s'éloigner d'un certain lieu, d'habiter dans un lieu déterminé, ou même de sortir du Grand Duché, tant que son extradition n'est pas demandée.

Art. 2. — Les dispositions de l'article précédent ne pourront être appliquées à l'individu, ni dans le Grand Duché, d'un étranger qui y réside, tant que le délai d'option prévu par l'article 9 du Code civil n'est pas expiré.

Art. 3 — Les mesures prévues par l'article 1er seront prises après délibération du gouvernement en conseil, par arrêté du directeur général de la justice.

Cet arrêté n'est susceptible d'aucun recours.

Il sera signifié par huissier à l'étranger qu'il concerne.

La décision accordera à l'étranger un délai qui devra être d'un jour franc au moins.

Art. 4. — L'étranger qui aura reçu l'injonction de sortir du Grand Duché sera tenu de désigner la frontière par laquelle il sortira ; il recevra une feuille de route réglant l'itinéraire de son voyage et la durée de son séjour dans chaque lieu où il doit passer. (Mesures pénales en cas de contravention).

Loi sur l'expulsion des étrangers en Roumanie
du 7 avril 1881

Annuaire de législ. étr., trad. de M. G. Petroni, 1881, p. 707.

Art. 1er. — L'étranger qui a son domicile et sa résidence en Roumanie, et qui, par sa conduite, compromettrait, pendant son séjour dans le pays, la sûreté intérieure ou extérieure de l'État, troublerait la tranquilité publique ou prendrait part à des menées ayant pour but de renverser l'ordre social ou politique, soit dans le pays, soit à l'étranger, pourra être contraint par le gouvernement à s'éloigner du lieu où il se trouve, à résider dans un endroit qui lui sera expressément désigné, et même à quitter le pays.

Art. 2. — L'arrêté ministériel d'expulsion pris en conseil des ministres, ou celui par lequel il sera indiqué à l'étranger une résidence déterminée, ou un changement de sa résidence actuelle, lui sera notifié par voie administrative et ne sera pas motivé. On y indiquera le délai dans lequel l'étranger devra se soumettre à l'ordre d'expulsion ou de changement de résidence, et ce délai ne pourra être moindre de vingt-quatre heures.

Art. 3. — (Au reçu de l'ordre, l'étranger indiquera le point de la frontière où il veut passer, on lui donnera une feuille de route réglant son itinéraire. S'il y contrevient, il sera conduit hors du pays par la force publique).

Art. 4. — (Le gouvernement peut expulser l'étranger qui quitte la résidence qu'on lui a assignée).

Art. 5. — L'expulsé qui rentre est passible d'un emprisonnement de cinq jours à six mois, et il est ensuite conduit à la frontière sans avoir à choisir le point de sortie).

Art. 6. — (Carte de séjour imposée à l'étranger arrivant dans le pays).

Art. 7. — (L'attentat contre un souverain étranger ou sa famille constituant un homicide, assassinat ou empoisonnement, n'est pas considéré comme délit politique).

Traité d'établissement entre la France et la Suisse
23 février 1882; prom. 13 mai 1882.

Art. 1er. — Les Français seront reçus et traités dans chaque canton de la Confédération, relativement à leurs personnes et à leurs propriétés, sur le même pied et de la même manière que le sont ou pourront l'être à l'avenir les ressortissants des autres cantons. Ils pourront en conséquence aller, venir et séjourner temporairement en Suisse, en se conformant aux lois et règlements de police. Tout genre d'industrie et de commerce permis aux ressortissants des divers cantons, le sera également aux Français et sans qu'on puisse en exiger aucune condition pécuniaire ou autre plus onéreuse.

Art. 2. — Pour prendre domicile ou former un établissement en Suisse, les Français devront être munis d'un acte d'immatriculation constatant leur nationalité, qui leur sera délivré par l'ambassade de la République française, ou par les consuls ou vice-consuls de France institués en Suisse.

Art. 3. — Les Suisses jouiront en France des mêmes droits et avantages que l'article 1er ci-dessus assure aux Français en Suisse.

Art. 5. — Les ressortissants de l'un des deux États établis dans l'autre et qui seraient dans le cas d'être renvoyés par sentence légale ou d'après les lois et règlements sur la police des mœurs et la mendicité, seront reçus en tout temps, eux et leur famille, dans les pays dont ils sont originaires et où ils auront conservé leurs droits.

Art. 6. — ....

Loi du 12 juillet 1882 pour prévenir le crime en Irlande

Annuaire de législ. étr., notice trad. et notes de M. Ch. Babinet, conseiller à la Cour de cassation. Lois de 1882, p. 54, 55.

Art. 15. — Application de l'Alien Act. — Promulgation nouvelle de la loi des 11 et 12 Vict., ch. 20 (1848), intitulée : « Loi pour autoriser pendant un an et jusqu'à la fin de la session du Parlement siégeant alors, l'expulsion des étrangers du royaume. »

Dispositions restrictives ou additionnelles :

§ 1. — Pour l'interprétation de l'*Alien Act*, on le considérera comme voté à la date de la présente loi, mais en abrogeant l'article 7 qui parle de sa durée.

§ 2. — Un étranger condamné pour *Misdemeanor* en vertu de l'article 2 de cette loi, sera traité comme condamné de première classe ou division.

§ 3. — Tout examen de témoins, toute discussion d'une affaire devant les lords du Conseil privé, en vertu de l'article 3 de cette loi, auront lieu en audience publique.

§ 4. — Extension de l'*Alien Bill* à l'île du Man.

Circulaire du Ministre de l'intérieur de France

30 août 1882.

(Analyse)

Le chargé d'affaires italien se plaint de ce que des individus expulsés de France sont conduits à la frontière d'Italie, comme originaires de ce pays, sans que leur nationalité ait été constatée. Ils sont ainsi refoulés en France. On doit s'assurer de cette nationalité avant de choisir le lieu d'expulsion et en référer au ministre, lorsque le pays voisin refusera de les recevoir, en produisant les pièces justifiant du lieu d'origine.

Traité d'amitié entre la France et la République Dominicaine

9 septembre 1882; prorj. D. 23 juin 1887.

Art. 10. — Si malheureusement la paix venait à être rompue entre les deux États, il est convenu, dans le but de diminuer les maux de la guerre, que les ressortissants de l'un d'eux résidant dans les villes, ports et territoires de l'autre, exerçant le commerce ou toute autre profession, pourront y demeurer et continuer leurs affaires, en tant qu'ils ne commettront aucune offense aux lois du pays. Dans le cas où leur conduite leur ferait perdre ce privilège, et où les gouvernements respectifs jugeraient nécessaire de les faire sortir du pays, il leur serait accordé un délai de six mois à compter du jour où cet ordre sera rendu public, ou leur sera signifié, afin qu'ils puissent régler leurs intérêts et se retirer avec leurs familles et leurs biens.

(Les biens et valeurs ne pourront être saisis, séquestrés ou confisqués).

Traité d'amitié entre la France et la Serbie
18 juin 1883; prom. 18 juillet 1883.

Art. 2. — (Liberté réciproque de voyager, résider et s'établir partout où on le jugera convenable dans les deux pays).

Rescrit du Statthalter d'Alsace-Lorraine
28 août 1881
(Analyse)

Archives diplomat., 1881, 3ᵉ partie, p. 101.

Mesures prises à l'égard des Alsaciens-Lorrains, qui ont opté pour la nationalité française et habitent le pays.

Si au moment où le fils a atteint sa 17ᵐᵉ année, le père ni le fils ne demandent pas à être naturalisés, le fils sera expulsé.

Les célibataires étrangers qui voudront se marier, pourront être expulsés s'ils ne se font pas naturaliser, et dans tous les cas on leur signifiera que les fils issus de leur mariage, seront expulsés lorsqu'ils auront acquis l'âge de conscription, s'ils ne se font pas naturaliser.

Les jeunes gens partis avec un permis d'émigration, d'Alsace-Lorraine, et y retournant à un âge où ils sont soumis au service militaire, auront à justifier qu'ils possèdent une nationalité autre que la nationalité allemande ; à défaut ils seront incorporés ; s'ils justifient d'une autre nationalité, ils seront expulsés.

Loi Belge du 6 février 1885, concernant les étrangers [1]

Art. 1er. — L'étranger résidant en Belgique, qui par sa conduite compromet la tranquillité publique ou celui qui est poursuivi ou qui a été condamné à l'étranger pour crimes ou délits qui donnent lieu à l'extradition, peut être contraint par le gouvernement de s'éloigner d'un certain lieu, d'habiter dans un lieu déterminé ou même de sortir du royaume.

L'arrêté royal enjoignant à un étranger de sortir du royaume, parce qu'il compromet la tranquillité publique, sera délibéré en Conseil des Ministres.

Art. 2. — Les dispositions des articles précédents ne pourront être appliqués aux étrangers qui se trouvent dans un des cas suivants, pourvu que la Nation à laquelle ils appartiennent, soit en paix avec la Belgique.

1° A l'étranger autorisé à établir son domicile dans le royaume ;

2° A l'étranger marié avec une femme belge, dont il a eu un ou plusieurs enfants nés en Belgique pendant sa résidence dans le pays.

3° A l'étranger décoré de la Croix de fer.

4° A l'étranger qui, marié avec une femme belge, a fixé sa résidence en Belgique depuis plus de cinq ans et a continué à y résider d'une manière permanente.

5° A l'individu né en Belgique, d'un étranger et qui y réside, lorsqu'il se trouve dans le délai d'option, prévu par l'article 3 du Code civil.

---

(1) Je dois faire observer que cette loi qui n'était que la reproduction avec ou sans modification des lois antérieures votées en 1880, 1877, 1874, 1871, 1865, a été elle-même remplacée par une loi votée en 1888.

Art. 3. — L'arrêté royal, porté en vertu de l'article 1er, sera signifié par huissier à l'étranger qu'il concerne.

Il sera accordé à l'étranger un délai qui devra être d'un jour franc au moins.

Art. 4. — L'étranger qui aura reçu l'injonction de sortir du royaume, sera tenu de désigner la frontière par laquelle il sortira ; il recevra une feuille de route, réglant l'itinéraire de son voyage et la durée de son séjour dans chaque lieu où il doit passer. En cas de contravention à l'une ou à l'autre de ces dispositions, il sera conduit hors du royaume par la force publique.

Art. 5. — Le gouvernement pourra enjoindre de sortir du territoire du royaume à l'étranger qui quittera la résidence qui lui aura été assignée.

Art. 6. — Si l'étranger auquel il aura été enjoint de sortir du royaume rentre sur le territoire, il pourra être poursuivi, et il sera condamné pour ce fait à un emprisonnement de quinze jours à six mois, et à l'expiration de sa peine il sera conduit à la frontière.

Art. 7. — Il sera rendu compte aux Chambres annuellement de l'exécution de la présente loi.

Art. 8. — La présente loi ne sera exécutoire que jusqu'au 1er février 1888, à moins qu'elle ne soit renouvelée.

Art. 9. — Les arrêtés d'expulsion, pris en vertu des lois antérieures, sont maintenues.

Art. 10. — La présente loi sera obligatoire du lendemain de sa publication.

Règlement de police du 17 avril 1885, pour la Bosnie et l'Herzégovine

Clunet, *Journal de droit int. privé*, 1885, p. 475, 476.

Art. 5. — (Obligation pour tout étranger résidant, d'avoir un passeport régulièrement visé).

Art. 6. — (Obligation de soumettre ce passeport aux autorités, dès qu'on a franchi la frontière pour entrer sur le territoire de la Bosnie ou de l'Herzégovine).

Art. 7. — (Dispositions spéciales aux étrangers arrivant de l'Autriche-Hongrie).

Art. 8. — Les étrangers arrivant sans passeport, ou dont les papiers ne rempliraient pas les conditions prescrites par les articles 5, 6 et 7 du présent règlement, s'ils paraissent suspects, seront gardés jusqu'à ce qu'ils aient prouvé leur identité et punis comme il est dit à l'article 10.

S'ils ne peuvent justifier les motifs de leur séjour, ils seront à l'expiration de leur peine, conduits au-delà de la frontière.

Art. 9. — Tout étranger dont la conduite est suspecte, ou dont le séjour dans le pays semble dangereux pour la paix publique, pourra être expulsé du pays par les autorités du district, ou par le commissaire de police de la ville de Serajevo, et, si nécessaire transporté de force, au-delà de la frontière.

La cause de l'expulsion doit toujours être communiquée par écrit à la personne expulsée.

Art. 10. — Les personnes qui contreviendraient au règlement ci-dessus, seront punies d'une amende de 2 à 500 florins, et de 30 jours de prison, au maximum.

Circulaire du ministre de l'Intérieur de France
du 17 décembre 1885
(Analyse)

Dans les départements frontières, le préfet a un droit d'expulsion à l'égard de l'étranger non résidant, à la charge d'en référer immédiatement au ministre. Les préfets ne doivent donc pas expulser directement des étrangers résidant, et d'un autre côté ils ne doivent pas en référer préalablement lorsqu'il s'agit d'expulser des non résidant, notamment vagabonds sans domicile.

Lorsqu'il s'agit de provoquer l'expulsion d'un étranger condamné, il ne suffit pas de présenter l'extrait du registre d'écrou, mais d'y joindre les renseignements propres à faire connaître la situation complète de l'étranger. Il en est à plus forte raison de même, lorsqu'il s'agit d'expulser un non condamné.

Il y a nécessité absolue de ne diriger que tout à fait exceptionnellement les expulsés sur des pays autres que leur pays d'origine.

Cette circulaire est accompagnée d'un modèle de notice, résumant les renseignements considérés comme indispensables.

Loi Mexicaine du 28 mai 1886

(Analyse)

Annuaire de législ. étr., d'après Evelasco et E. Roux, 1887, p. 924.

Le pouvoir exécutif de l'union mexicaine, est autorisé à expulser par mesure administrative tout étranger qu'il considèrera comme dangereux. Et on doit tenir pour tel, celui qui prend parti dans les discordes intérieures du pays.

La République admet en principe le droit d'expatriation de ses nationaux et le droit des étrangers de s'établir sur son territoire.

Loi de l'Equateur du 28 août 1885

Annuaire de législ. étr., notes et trad. de MM. Maluquer y Salvador et F. Daguin, 1886, p. 912.

Art. 2. — Les étrangers qui prendront part aux discussions politiques de l'Etat et en général, ceux qui seront dangereux pour l'ordre public, pourront être expulsés du territoire, sans préjudice de l'application qui pourra leur être faite des lois de l'Equateur, en cas d'infractions commises par eux à ces lois dans l'intérieur du pays et, sous cette réserve que leurs droits et leurs devoirs, pendant la durée de l'état de guerre, seront réglés, conformément aux principes du droit international et aux traités.

Art. 3. — En cas de guerre extérieure ou de soulèvement à l'intérieur, les étrangers seront soumis, sauf l'application des stipulations contenues dans les traités, aux lois d'ordre public, et aux mesures prises par le pouvoir exécutif, en vertu des pouvoirs extraordinaires mentionnés dans l'article 91 de la Constitution.

Art. 10. — Il est interdit aux étrangers de s'associer pour s'occuper des affaires politiques de l'Equateur, d'exercer le droit de pétition en matière politique et de prendre part aux démarches et opérations ayant pour but de préparer les élections populaires.

Suivant le degré de culpabilité à cet égard, le pouvoir exécutif pourra mettre à exécution les articles 2 et 3 de la présente loi.

Etats-Unis d'Amérique, loi du 23 février 1887

(Analyse)

Dispositions nouvelles sur l'immigration d'ouvriers étrangers, pour assurer l'exécution des lois précédentes et notamment pour s'opposer au débarquement et assurer le renvoi au lieu d'origine d'immigrants, qui, d'après les lois précédentes ne peuvent être admis sur le territoire.

Circulaire du ministre de l'Intérieur de France

du 26 mars 1887

(Analyse)

Les départements du Sud-Est, sont envahis à certaines époques par des étrangers atteints de difformités exploitant la charité. Ces estropiés sont la plupart introduits par des entrepreneurs qui louent leurs services pour exercer la mendicité à leur bénéfice. Et ces difformités sont souvent le résultat de procédés artificiels appliqués dès l'enfance dans ce but. Ordres sont donnés de repousser lorsqu'ils se présentent à la frontière ces mendiants, et s'ils ont pénétré, à ce qu'ils soient expulsés ainsi que les chefs de ces troupes.

Décret du 2 octobre 1888 de France

Art. 1er. — Tout étranger non admis à domicile, qui se proposera d'établir sa résidence en France, devra dans le délai de quinze jours à partir de son arrivée, faire à la mairie de la commune où il voudra fixer cette résidence, une déclaration énonçant :

1° Ses nom et prénoms, ceux de ses père et mère ;

2° Sa nationalité ;

3° Le lieu et la date de sa naissance ;

4° Le lieu de son dernier domicile ;

5° Sa profession ou ses moyens d'existence ;

6° Le nom, l'âge et la nationalité de sa femme et de ses enfants mineurs, lorsqu'il sera accompagné par eux.

Il devra produire toutes pièces justificatives à l'appui de sa déclaration, s'il n'est pas porteur de ces pièces, le maire pourra, avec l'approbation du préfet du département, lui accorder un délai pour se les procurer.

Un récépissé de sa déclaration, sera délivré gratuitement à l'intéressé.

Art. 2. — Les déclarations seront faites à Paris, au Préfet de police, et à Lyon, au Préfet du Rhône.

Art. 3. — En cas de changement de domicile, une nouvelle déclaration sera faite devant le maire de la commune où l'étranger aura fixé sa nouvelle résidence.

Art. 4. — Il est accordé aux étrangers résidant actuellement en France et non admis à domicile, un délai d'un mois (prorogé de deux mois environ,) pour se conformer aux prescriptions qui précèdent.

Art. 5. — Les infractions aux formalités édictées par le présent décret, seront punies des peines de simple police, sans préjudice du droit d'expulsion, qui appartient au ministre de l'Intérieur, en vertu de la loi du 3 décembre 1849, art. 7.

TABLE

—

TROISIÈME PARTIE

FIN

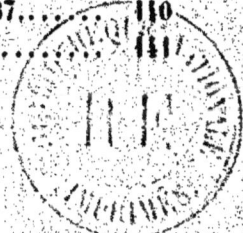

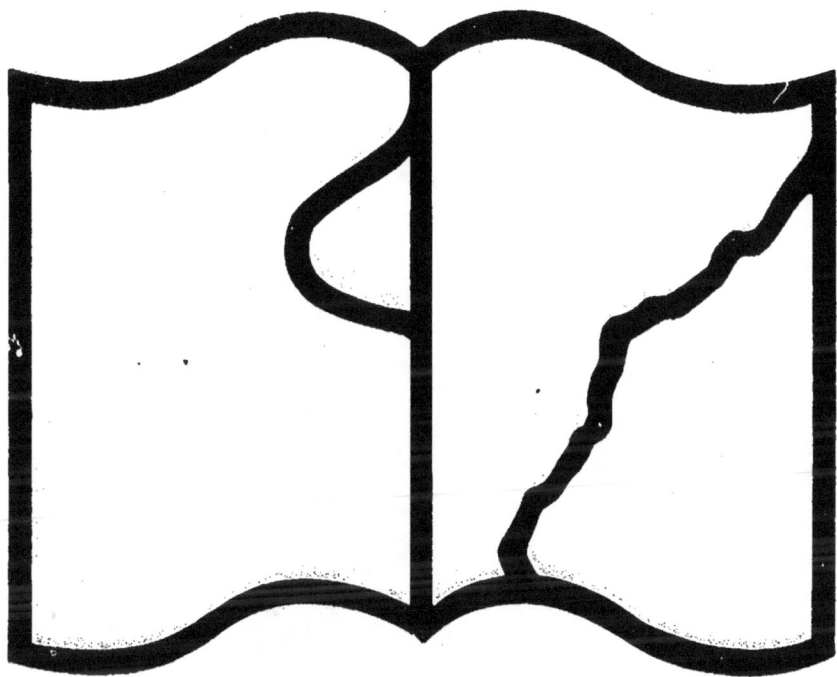

Texte détérioré — reliure défectueuse

NF Z 43-120-11

www.ingramcontent.com/pod-product-compliance
Lightning Source LLC
Chambersburg PA
CBHW071859200326
41519CB00016B/4460